Populismo

Simon Tormey

Populismo
Uma Introdução Concisa

Tradução
Mário Molina

Editora Cultrix
SÃO PAULO

Título do original: *Populism — A Beginner's Guide.*
Copyright © 2019 Simon Tormey.
Publicado mediante acordo com Oneworld Publications.
Copyright da edição brasileira © 2019 Editora Pensamento-Cultrix Ltda.
1ª edição 2019.
Todos os direitos reservados. Nenhuma parte desta obra pode ser reproduzida ou usada de qualquer forma ou por qualquer meio, eletrônico ou mecânico, inclusive fotocópias, gravações ou sistema de armazenamento em banco de dados, sem permissão por escrito, exceto nos casos de trechos curtos citados em resenhas críticas ou artigos de revistas.

A Editora Cultrix não se responsabiliza por eventuais mudanças ocorridas nos endereços convencionais ou eletrônicos citados neste livro.

Editor: Adilson Silva Ramachandra
Gerente editorial: Roseli de S. Ferraz
Produção editorial: Indiara Faria Kayo
Editoração eletrônica: Mauricio Pareja da Silva
Revisão: Luciana Soares da Silva
Capa: Lucas Campos / INDIE 6 Design Editorial

Dados Internacionais de Catalogação na Publicação (CIP)
(Câmara Brasileira do Livro, SP, Brasil)

Tormey, Simon
 Populismo : uma breve introdução / Simon Tormey; tradução Mário Molina. — São Paulo : Cultrix, 2019.

Título original: Populism : a beginner's guide.
ISBN 978-85-316-1535-1
1. Populismo I. Título.

19-30096   CDD-324.213

Índices para catálogo sistemático:
1. Populismo : Ciências políticas 324.213
Cibele Maria Dias — Bibliotecária — CRB-8/9427

Direitos de tradução para o Brasil adquiridos com exclusividade pela EDITORA PENSAMENTO-CULTRIX LTDA., que se reserva a propriedade literária desta tradução.
Rua Dr. Mário Vicente, 368 — 04270-000 — São Paulo, SP — Fone: **(11) 2066-9000**
http://www.editoracultrix.com.br
E-mail: atendimento@editoracultrix.com.br
Foi feito o depósito legal.

Sumário

1. **Introdução — por que populismo?** 9
   2016 — a "explosão" do populismo 10
   Pânico do populismo 16

2. **O que é populismo?**
   (E por que ele parece tão difícil de definir?) 20
   Os *narodniks* russos 24
   Os partidos de agricultores dos Estados Unidos da América. 27
   Caudilhismo latino-americano 29
   "O povo" *versus* "as elites" 32
   Nunca deixe uma boa crise ser desperdiçada 36
   Política redentora *versus* monotonia política 39
   Leve-me a seu líder 41
   Falta de civilidade como uma arma da política 47
   Problemas com populismo — a-histórico e descritivo? 51
   Indiferente a crenças e valores? 54
   Um álibi para o desempenho das elites? 57

3. **Por que agora? Explicando a insurreição populista** 61
   Populismo e descontentamento econômico 63
   Populismo e descontentamento cultural 71
   Descontentamento econômico *versus* descontentamento cultural 81
   O quebra-cabeças do populismo 83
   Populismo e "descontentamento democrático" 85
   A decadência e o declínio da classe política 89
   A ascensão do consumidor cidadão 93

4. **O populismo é uma ameaça à democracia?** 102
   Populismo e a ameaça à democracia 103
   Pluralismo *versus* monismo 104
   Redenção *versus* solução de problemas 108
   Modernidade *versus* feudalismo 111
   Populismo e renovação democrática 115
   Política como luta pela "hegemonia" 117
   Da estabilidade à crise 120
   Democracia depois do populismo 123
   Uma história de dois populismos 127

5. **O populismo é uma variedade de "política da pós-verdade"?** 140
   A verdade sobre a pós-verdade 142
   Devemos culpar o pós-modernismo e o relativismo? 145
   O conhecimento especializado está morto? 149
   A internet tornou mais difícil separar fato de ficção? ... 154

Verdade, mentiras e política: o que há de novo?............. 158
Manipulando dados, imagens e o registro histórico:
um passado sórdido 163
"Pós-verdade" ou opiniões antiquadas?............................ 167

6. Conclusão — o que deve ser feito com relação ao populismo?.. 174
Evocar "o povo" não é populista.. 178
O populismo não é uma variedade de política de
extrema direita 183
O populismo não é uma ideologia..................................... 188
O populismo não é antidemocrático.................................. 192
O populismo não ameaça o pluralismo.............................. 195
O populismo não é a causa da crise................................... 199
O que *deve* ser feito com relação ao populismo?.......... 203

Agradecimentos.. 211
Leitura Adicional... 215
Índice *Remissivo*... 219

1
Introdução —
Por Que Populismo?

"Um espectro ronda o mundo — o espectro do populismo." Assim começa um dos textos clássicos sobre o tema, ecoando a dramática abertura de *O Manifesto Comunista*: "Um espectro ronda a Europa — o espectro do comunismo". A advertência, lançada nos anos 1960, referia-se aos movimentos anticoloniais no mundo em desenvolvimento, aos partidos de agricultores dos EUA e a variados movimentos autoritários.

O medo dos novos e poderosos movimentos originados dos ressentimentos das pessoas está longe de ser uma novidade, como uma olhada em muitas manchetes desde a eleição de Trump e o referendo Brexit em 2016 poderia sugerir. Pelo contrário, é um tema mais ou menos permanente dos comentários sobre a situação política, quer em âmbito nacional, quer em âmbito internacional.

Não obstante, os acontecimentos de 2016 foram alarmantes até mesmo para experimentados comentaristas políticos, que pudessem já ter visto tudo isso antes. Foram esses acontecimentos que fundamentaram a última onda de interesse pelo populismo e levaram à sugestão de que 2016 fosse encarado como o ano em que o populismo "explodiu".

2016 — a "explosão" do populismo

Possivelmente, o primeiro vislumbre de que havia algo em curso não foi nem o Brexit nem a aparição de Trump, mas a eleição de Rodrigo ("Rody") Duterte como presidente das Filipinas em maio de 2016. Parecia haver algo bastante original nesse resultado. Lá estava um político que não fazia o mínimo esforço para esconder seu desprezo pelo domínio da lei e seu apoio à matança extrajudicial de traficantes de drogas e criminosos menores. Tendo feito uma campanha com a promessa de "matar todos" os criminosos do país, descreveu em uma entrevista à Al Jazeera as crianças mortas no decorrer de sua guerra às drogas como um "efeito colateral". "No meu país, não há nenhuma lei dizendo que eu não posso ameaçar criminosos", ele continuou a explicar. "Não me interessa o que dizem os caras dos direitos humanos. Tenho o dever de preservar a nossa geração. Se isso envolve direitos humanos, eu não dou a mínima. Tenho de combater o medo." Ele também ameaçou virar as costas para as Nações Unidas e os Estados Unidos na busca de novos aliados e de uma política externa independente, sempre prometendo livrar as Filipinas de influências de fora.

A eleição de Duterte foi seguida de perto pelo referendo Brexit do Reino Unido (RU), em junho de 2016. Para grande surpresa da classe política e da maioria dos comentaristas da mídia, o eleitorado do RU votou, por uma estreita margem, pela saída da União Europeia (UE), após cerca de quarenta anos de uma filiação mais ou menos infeliz, de uma das maiores e mais poderosas associações supranacionais do mundo. Isso aconteceu apesar de as campanhas dos principais partidos políticos defenderem que a filiação à UE tinha trazido enormes benefícios, que a catástrofe econômica se seguiria a uma retirada e que o RU ficaria sem amigos na eventualidade de um voto "sair". Cinquenta e dois por cento dos que votaram viraram as costas para o "Projeto Medo", como foi apelidada a campanha pelo "permanecer", optando por um salto no desconhecido político e econômico.

Enquanto isso, a campanha presidencial americana estava a pleno vapor. Durante grande parte do ano parecia que a candidata democrata, Hillary Clinton, venceria por uma confortável margem de votos Donald Trump, empresário da construção civil, celebridade de TV e fonte de aborrecimento de várias causas progressistas, em especial devido a comentários sobre "agarração de buceta"* e desprezo por uma longa lista de minorias. "Eles estão trazendo drogas. Estão trazendo crime. São estupradores", foi a célebre declaração de Trump sobre imigrantes mexicanos em seu discurso de junho de 2015, em que anunciou sua candidatura.

---

* Em áudios de 2005, vazados para o público americano durante a campanha de Trump, o futuro presidente dizia que, quando conhecia mulheres bonitas, se sentia autorizado a "grab them by the pussy" (agarrá-las pela buceta), pois, quando se é famoso, "pode-se fazer tudo" que "elas deixam". (N. do T.)

RODRIGO DUTERTE

Rodrigo "Rody" Duterte foi eleito presidente das Filipinas em 2016. É uma figura polêmica devido à sua postura inflexível com relação a traficantes de drogas e criminosos menores. Segundo "Você Pode Morrer a Qualquer Momento": Matanças de Esquadrão da Morte em Mindanao, um relatório de 2009 da Human Rights Watch, quando foi prefeito de Davao, uma importante cidade no sul das Filipinas, Duterte liderou uma política de usar esquadrões de execução para eliminar chefões do tráfico, o que resultou em centenas, possivelmente milhares, de homicídios extrajudiciais:

> Ativistas locais dizem que as matanças por esquadrão da morte de supostos traficantes de drogas, pequenos criminosos e crianças de rua na Cidade de Davao começaram em algum momento de meados dos anos 1990, durante o segundo mandato de Duterte como prefeito. O grupo que reivindicava responsabilidade pelas matanças chamava-se, entre outros nomes, *Suluguon sa Katawhan* ("Servidores do Povo"), mas logo a mídia começou a se referir a ele como Esquadrão da Morte de Davao (DDS). Em meados de 1997, a mídia local já tinha atribuído mais de 60 assassinatos não resolvidos ao grupo.

Duterte admitiu, em mais de uma ocasião, ter tomado parte ele próprio em assassinatos extrajudiciais quando era oficial na região, chegando mesmo a dizer certa vez à BBC que "havia matado três homens". De um modo geral, ele é conhecido pelo comportamento tosco e por opiniões francas sobre assuntos de interesse popular. Tem ainda manifestado a disposição de distanciar as Filipinas dos Estados Unidos para seguir uma política externa independente e de permitir a criação de laços mais estreitos com a China e outros países em desenvolvimento na região.

Tinha parecido difícil registrar Trump como um candidato viável para o Partido Republicano, muito menos para o eleitorado mais amplo. Sua campanha se notabilizou pelo enfoque brutal, sem nenhum tipo de barreira. Partidários eram incitados a entoar refrões tão memoráveis quanto "Lock Her Up! [Coloque ela na Cadeia]"* e "Build the Wall" [Construa o Muro]. Ele prometeu "Fazer a América Voltar a ser Grande" trazendo de volta empregos perdidos no ramo manufatureiro, reduzindo os impostos pagos pelas empresas, fortalecendo as forças armadas e rompendo acordos internacionais que não parecessem estar servindo a estritos interesses nacionais. A campanha também jogou fora o livro de regras da civilidade democrática, com seu tom agressivo e mal disfarçadas ameaças de violência substituindo o discurso respeitoso que costumamos associar a uma política democrática. Trump disse com frequência que "pessoas estúpidas" estavam no comando do país e declarou que o senador John McCain "não era um herói de guerra" ao explicar, em um comício de julho de 2015, que gostava de "pessoas que não foram capturadas". Notoriamente, em um comício em fevereiro de 2016, encorajou seus partidários a agredir quaisquer adversários que vissem protestando na multidão: "Desçam o cacete neles, tudo bem? É sério... Prometo que pago os advogados".

Como se os triunfos do Brexit e de Trump não bastassem, o mundo se preparou para mais um ataque populista na Europa, em 2017. Os comentaristas já estavam cautelosos com a direção que o continente parecia estar tomando, não só o devido avanço con-

---

* Pediam a prisão de Hillary Clinton. (N. do T.)

tínuo dos movimentos e partidos de extrema direita, mas também à atração cada vez maior de partidos de extrema esquerda, como o *Syriza* na Grécia e o *Podemos* na Espanha. O *Movimento 5 Stelle* [Movimento 5 Estrelas (M5S)], de Beppe Grillo, embora menos fácil de classificar como de esquerda ou direita, prometeu uma ruptura com as políticas pró-UE e pró-mercado do mainstream italiano, temas associados a partidos populistas em outras partes da Europa.

Havia muito mais por vir, com um trio de eleições nos principais países europeus: Holanda, França e Alemanha. Embora os movimentos e partidos populistas estivessem em ascensão por toda a Europa há mais de uma década, com vários sucessos notáveis, os comentaristas se preocupavam com a dimensão do avanço e as perspectivas para a UE se uma ou algumas das maiores economias, como França, Alemanha ou Itália, sucumbissem a um partido anti-UE. Será que o *mainstream* europeu não seguiria o caminho do Reino Unido e dos Estados Unidos?

A eleição geral holandesa foi acompanhada de perto, em âmbito internacional, pois era preciso saber como Geert Wilders, líder do principal partido da extrema direita, o *Partij voor de Vrijheid* [Partido da Liberdade] (PVV), ia se sair. Figura de reconhecimento fácil, que usava um exuberante topete platinado, Wilders prometia "desislamizar" a Holanda pela reversão das políticas favoráveis a refugiados e imigrantes que tinham resultado em um influxo de novos cidadãos de ex-colônias, assim como do Oriente Médio. Na França, a eleição presidencial programada para o meio do ano ameaçava se tornar uma corrida entre Marine Le Pen, da Frente Nacional (FN), e qualquer candidato de esquerda ou centro-direita que conseguisse articular uma campanha a tempo de se opor a um partido que, apesar de todos os esforços de Le Pen para apresentar uma nova fachada, continua sendo amplamente visto como abrigo de racistas. Na verdade, Steve Bannon, em uma convenção da FN em março de 2018, aconselhou Le Pen e seus partidários a usarem o rótulo "racistas" como um distintivo de honra.

Eleições gerais programadas para o final do ano na Alemanha também prometiam desestabilizar a ordem estabelecida. Angela Merkel, do Partido Democrata Cristão (CDU), de centro-direita, tinha atraído críticas assim como aplausos da comunidade internacional por permitir que mais de um milhão de refugiados do

MARINE LE PEN

Marine Le Pen é advogada e a líder mais recente da Frente Nacional (FN), um partido francês de extrema direita criado em 1972 e liderado, durante a maior parte de sua existência, por seu pai, Jean-Marie Le Pen. A sobrinha de Marine Le Pen (e neta de Jean-Marie), Marion Maréchal-Le Pen, foi também um fantoche da FN até decidir se afastar da política em 2017. Marine Le Pen chegou ao segundo turno da eleição presidencial francesa de 2017, sendo derrotada por Emmanuel Macron. Os principais elementos do programa da FN incluíam promover a retirada da zona do euro e, por fim, da União Europeia. Também procuravam reafirmar a herança cristã da França por meio de uma redução do apoio estatal a iniciativas multiculturais, a mesquistas e ao ensino islâmico. Le Pen também se alinha, de forma polêmica, com Putin e a Rússia sobre problemas de segurança europeia. Sua estratégia a longo prazo, para encontrar receptividade entre a massa do eleitorado, é livrar a FN do racismo e do antissemitismo, um projeto que a levou a rebatizar o partido como Agrupamento Nacional (*Rassemblement National*) no verão de 2018.

Oriente Médio devastado pela guerra entrasse na Alemanha. O caminho estava aberto para um avanço do partido de extrema direita *Alternative für Deutschland* (AfD) que, como seus equivalentes na Holanda e na França, prometia encerrar políticas favoráveis aos refugiados em prol de uma postura fortemente "nativista", com vistas a fronteiras mais guardadas e a um sentimento mais forte de identidade nacional.

Pânico do populismo

O início de 2017 parecia ser um momento de "revolução populista". Os jornais estavam cheios de comentários alarmados sobre as causas da crise e sobre o que poderia ser feito para reverter a maré. Parecia que a elite havia fracassado e que uma época de cosmopolitismo liberal estava chegando ao fim. O populismo não era mais "espectral". Era uma crise política visceralmente real que ameaçava alterar de modo dramático a forma e a natureza de nossas sociedades, e não para melhor.

O fato é que a esperada derrubada do *establishment* e das forças políticas dominantes na Europa não ocorreu. Wilders foi derrotado por Mark Rutte, que de modo pragmático adaptou-se à mudança para a direita na Holanda, reconhecendo as preocupações dos defensores de Wilders com relação à "ameaça islâmica". Na França, a centro-esquerda e a centro-direita entraram em colapso previsível, a primeira por meio de divisão e rupturas, a segunda por meio da corrupção e do escândalo. No vácuo surgiu Emmanuel Macron, ex-banqueiro mercantil e assessor econômico do ex-presidente de centro-esquerda François Hollande. Macron criou seu próprio movimento político, *La République en Marche!* (literalmente, A República em Marcha!), em 2017. Em questão de meses, a força que ele conseguiu acumular entre o eleitorado foi suficiente para impulsioná-lo para a disputa do segundo turno com Le Pen e, finalmente, para uma vitória dramática. De forma um tanto irônica, Macron não obteve êxito rejeitando o populismo, mas enfatizando sua própria condição de *outsider*,* o esgotamento das soluções tradicionais e a necessidade de um novo começo.

Na Alemanha, como calorosamente antecipado, a *Alternative für Deutschland* (AfD) teve um grande avanço nas eleições parlamentares, mas os números não tiveram peso suficiente para derrubar a chanceler em exercício, Angela Merkel. Merkel sobreviveu ao susto, mas com sua autoridade bastante diminuída.

A classe política europeia deu um suspiro de alívio. Um suspiro não muito justificado, em vista dos outros resultados por todo o continente. Nas eleições federais austríacas de 2017, o Partido da Liberdade (FPÖ), de extrema direita, ganhou 26% dos votos e formou uma coalizão governista com o Partido Popular Austríaco (ÖVP). O eleitorado continuava a se deslocar para a direita, para longe do centro e da centro-esquerda, para partidos com fortes programas anti-imigrantes, antirrefugiados e anti-islâmicos. Uma tendência semelhante foi constatada nas eleições eslovenas em 2018, quando partidos nacionalistas, anti-imigrantes, ocuparam 29 dos 90 assentos no Parlamento. Na eleição geral italiana de 2018, os dois partidos contrários ao *establishment*, *Lega* de Matteo Salvini e M5S de Grillo, emergiram como os vencedores,

---

* Isto é, de não participante da "velha política". (N. do T.)

> ## GEERT WILDERS (PVV)
>
> Geert Wilders é o líder do Partij voor de Vrijheid [Partido da Liberdade] (PVV) na Holanda. Figura controversa, com a aparência — como salienta uma descrição memorável — de um "vilão dos filmes de James Bond", ele assumiu o bastão da crítica ao multiculturalismo, à imigração e à influência crescente do Islã associada a Pim Fortuyn, líder do Pim Fortuyn List (LPF),* em 2002. Pouco depois da criação do LPF, Fortuyn foi assassinado, deixando o caminho aberto para Wilders se tornar a figura principal na extrema direita holandesa. Como Fortuyn, Wilders argumenta que a Holanda está ameaçada pela islamização devido à sua tolerância com relação a minorias e ao modo como adotou o multiculturalismo. Ele tem pedido que o Estado holandês reafirme sua herança cristã liberal e proteja a cultura e os valores do Ocidente contra o Islã. "Os valores holandeses estão baseados no cristianismo, no judaísmo, no humanismo", disse ele ao jornal *USA Today*. "Islã e liberdade não são compatíveis." Apesar de sua derrota na eleição geral de 2017, Wilders manteve um destacado perfil público, tanto na Holanda quanto no exterior — quando lhe dão a permissão de entrar. Em 2018, por exemplo, ele falou em uma manifestação em defesa de Tommy Robinson, um porta-voz da Liga de Defesa Inglesa (EDL — English Defence League), de extrema direita, que tinha sido preso por desacato a um tribunal.

levando a uma coalizão governista de diferentes tendências populistas. Na eleição húngara de 2018, Viktor Orbán, um demagogo nacionalista "iliberal", manteve seu domínio sobre a política nacional com uma terceira vitória consecutiva. Nas eleições suecas, os Democratas Suecos, com origem em movimentos neonazistas, desfrutaram uma guinada de 5% e um aumento para 62 assentos

---

* Partido político criado por Fortuyn. (N. do T.)

em sua presença parlamentar. É sem dúvida o mais proeminente dentre vários partidos anti-imigrantes que estão fazendo progresso no país, incluindo a mais militante Alternativa para a Suécia e o neonazista Movimento de Resistência Nórdica. Longe de lá, Jair Bolsonaro saiu de uma relativa obscuridade para ganhar as eleições presidenciais brasileiras, apesar de sua admiração pela ditadura militar, seu profundo conservadorismo social e sua franca manifestação de desprezo pelas mulheres ("Não te estupro porque você não merece", disse ele para a congressista Maria do Rosário), pelas minorias (disse à *Playboy* que "seria incapaz de amar um filho homossexual") e pelos migrantes (segundo *Open Democracy*, chamou ativistas negros de "animais" e pediu que "voltassem para o zoológico").

O apoio a partidos *outsiders*, partidos contrários ao *establishment*, partidos extremistas ou radicais continua a crescer de modo implacável, incansável. Daí o interesse pelo populismo, um conceito a que a mídia se apegou em 2016 para explicar os acontecimentos. Mas o que é o populismo? Por que está em ascensão agora? E o que deveríamos fazer a esse respeito?

2
O Que é Populismo?
(E Por Que Ele Parece
Tão Difícil de Definir?)

O populismo parece estar em grande ascensão. De fato, pelo menos na opinião de alguns comentaristas, o populismo "explodiu" em 2016, inflamando o medo de estarmos entrando em novas e inexploradas águas políticas, nada menos que em uma era de "contágio" populista.

Isso pressupõe que sabemos o que é populismo. Mas sabemos? Parece haver pouco consenso no que diz respeito à literatura acadêmica. Margaret Canovan argumenta em seu estudo clássico que o populismo é um tipo de movimento ou de ideologia política que coloca a ideia de um povo unificado no centro de sua visão. Cas Mudde fez um ajuste crucial nesse ponto de vista ao argumentar que o populismo não é de fato uma ideologia em sentido estrito, como o socialismo ou o liberalismo, mas uma ideologia "fraca" que amplia outras ideologias, como o autoritarismo ou o nacionalismo. Jan-Werner Müller identifica o populismo com uma "lógica interna" que expulsa o pluralismo e pressagia o início de um regime intolerante, prejudicial à democracia liberal. Ben Moffitt descreve o populismo mais como um estilo performático, uma política associada a "maus modos" e uma brusca abordagem conflituosa em desacordo com as abordagens democráticas do *mainstream*. Ao contrário, Ernesto Laclau e Chantal Mouffe afirmam que, como o populismo equivale a um discurso do povo, ele é fundamental para uma política propriamente democrática. Por fim, comentaristas da mídia como Robert Peston e Steve Richards veem o populismo como mero dispositivo para formas "excêntricas" de política que desafiam as elites.

O populismo se presta a uma ampla variedade de definições e usos. Em certo nível, não há nada muito incomum em conceitos políticos serem usados de diferentes modos, em diferentes contextos e com significados a serem discutidos. De fato, há conceitos *tão* debatidos que passamos a vê-los como "essencialmente controvertidos". São conceitos como liberdade e igualdade, em que a forma como definimos o conceito reflete nossos próprios compromissos éticos e políticos. Enquanto houver discordância sobre como devemos nos organizar, haverá discordância sobre como estruturamos e definimos os conceitos fundamentais que usamos para descrever o mundo como ele é e como *deveria* ser.

Isso, no entanto, não é aplicável ao conceito de populismo. Não falta ao populismo clareza conceitual pelo fato de ele ser essencialmente controvertido como são os termos liberdade e igualdade. Com o populismo, o cerne da questão é que, historicamente, pouquíssimos movimentos ou partidos têm se descrito como populistas. Por quê? O que está claro nas várias tentativas de definir o populismo é a centralidade da ideia de "povo". Para os populistas, "o povo" é o sujeito da política, em oposição a qualquer classe social, grupo étnico ou nação. O que motiva os populistas é um certo sentimento de que as necessidades ou os interesses do povo estão em desacordo com as necessidades e os interesses daqueles que governam, que os comentaristas costumam denominar "as elites". Por um lado, as elites estão prejudicando o povo e é esse sentimento de dano que instiga os populistas a estruturar a política em termos de confrontação ou de antagonismo. Até aqui, tudo bem. Por outro lado, isso fica um tanto aquém do tipo de posição que associamos às ideologias. Não está nos dizendo muita coisa sobre *por que* deveríamos preferir falar sobre o povo como entidade oposta a algum grupo mais restrito; ou sobre o que se ganha ao confrontar as elites. O que temos é a descrição de um relacionamento: o povo *versus* as elites. O que está faltando são as coordenadas básicas que associamos a ideologias políticas, como o socialismo, o liberalismo e o conservadorismo; um relato de como, em termos ideais, deveríamos viver e de como a sociedade deveria ser. Isso acontece porque o populismo nunca desabrochou em um credo intelectual ou uma doutrina. Existem alguns ensaios menores relacionados com os movimentos camponeses russos do século XIX, mas existem poucos (se é que existe algum) grandes textos ou obras sobre o populismo. Não há para onde possamos ir se quisermos descobrir como seria uma "sociedade populista" e por que deveríamos nos unir a um movimento ou um partido populistas. Não há filósofos ou grandes pensadores que adotem o populismo ou que o tenham transformado em um acervo consistente de pensamento à maneira de Karl Marx (comunismo), John Stuart Mill (liberalismo) ou Edmund Burke (conservadorismo). Há muito pouco para promover, para mobilizar ou para nos deixar empolgados.

O que isso significa é que o populismo quase nunca foi usado como um rótulo *autodescritivo*, algo que fala por si. Há muitos partidos que se dizem marxistas, liberais ou socialistas, mas até agora pouquíssimos partidos que se dizem "populistas". Populares sim, mas *populistas* não. Sem dúvida, no entanto, é um termo que, ao longo dos anos, tem sido aplicado a partidos, movimentos e regimes que parecem compartilhar certas características. Disputas sobre como deveríamos definir o conceito e como ele deveria ser aplicado refletem diferenças de opinião relativas ao que são essas características e que peso devemos atribuir a certos traços sobre outros. Tais características foram extraídas do pequeno número de casos históricos em que um movimento ou um partido *chamaram* a si próprios de populistas ou aos quais a denominação "populista" pareceu por alguma razão aderir.

Isso é bem diferente do que acontece com outros tipos de movimentos e partidos políticos. Em geral, não atribuímos um termo como "conservador" a partidos ou movimentos. Não precisamos porque partidos e movimentos conservadores chamam a si próprios de conservadores. Como não há quaisquer partidos e movimentos que se autoproclamem populistas, é um termo que usamos de modo menos pontual, às vezes com o objetivo de expor as verdadeiras intenções e os propósitos que se encontram por trás de uma designação oficial: "eles podem *dizer* que são nacionalistas, mas na realidade são populistas".

Além de raramente ser um termo que alguém outorga a si próprio, populismo é um termo que traz uma conotação negativa, o que significa que o trabalho é delicado quando se trata de identificar grupos e movimentos como populistas. Se o populismo é uma coisa má, deveríamos nos opor a ele onde quer que o encontrássemos. Deveríamos fazer o que pudéssemos para garantir que ele não consiga se firmar. Deveríamos lutar contra o populismo.

A necessidade de ter clareza sobre o que o populismo é e sobre o que ele não é ultrapassa o drama familiar das definições com que nos deparamos quando estamos tentando compreender o que um conceito significa. Essa clareza determinará nossa orientação acerca de um dos principais processos que se desenvolvem ao nosso redor.

Encontramos um bom lugar para dar início a essa escorregadia tarefa definidora no pequeno número de casos a que os especialistas da área costumam se referir como exemplos básicos de populismo. Com base nesses casos, devemos ser capazes de extrapolar as características fundamentais usadas para identificar movimentos e partidos populistas e ver como elas ecoam junto aos movimentos e partidos contemporâneos que, em tempo recente, despertaram interesse pelo conceito.

Os *narodniks* russos

Talvez o estudo de caso clássico para o populismo seja o movimento *narodnik*, que começou na Rússia em meados do século

XIX. *Narod* significa "pessoas"; quando adicionado a termos como *volya*, ou "vontade", dá a essência do que muitos querem captar no termo populismo: a ideia de um movimento do povo como um todo, não apenas de uma parte dele. Os *narodniks*, em sua maioria, eram intelectuais de classe média que foram levados a acreditar, pela representação romântica da vida camponesa em romances e poesia, que a cultura russa rural e suas tradições tinham de ser preservadas, na verdade aprofundadas, para evitar o destino que havia assolado os camponeses com o desenvolvimento capitalista. Os camponeses eram trabalhadores simples, que levaram uma vida não contaminada pelos excessos e pela decadência da vida na cidade. Em sua maior parte, eram também monarquistas tementes a Deus, embora tivessem um forte sentimento de autonomia, reforçado pela vida no *mir*, ou comuna, muitas vezes a centenas de quilômetros da cidade mais próxima. Como o tamanho dos lotes da maioria dos camponeses não lhes permitia a autossuficiência, eles trabalhavam em conjunto, compartilhando ferramentas e gado e distribuindo o dinheiro levantado pela venda dos produtos agrícolas em uma base coletiva. Para intelectuais que viviam na cidade isso parecia uma forma de socialismo, até mesmo de comunismo, a ser protegida a todo custo contra as incursões do capitalismo, dos proprietários de terras mais ricos e da autocracia. Foram criados grupos para fomentar o *Narodnichechestvo* ("O Caminho do Povo"), e a sociedade camponesa foi defendida como uma solução para os males da humanidade. Alguns grupos eram relativamente pacíficos, embora também houvesse organizações políticas mais militantes, como a *Narodnaya Volya* ("A Vontade do Povo"), que usava métodos violentos para combater a autocracia.

A composição de classe média dos populistas russos reflete o fato de que dificilmente os camponeses teriam condições de se defender sozinhos, mesmo que quisessem. A Rússia é um país imenso, um país que naquele tempo era conhecido pelas comunicações precárias. A maioria dos camponeses era de analfabetos funcionais e eles estavam sempre atarefados demais, tentando sobreviver, para serem capazes de se mobilizar de modo eficiente com vistas a objetivos políticos mais globais. Contudo, desfrutavam da simpatia de intelectuais radicalizados, que viam neles uma honestidade e uma autenticidade que poderiam ser aproveitadas em uma forma caracteristicamente russa de socialismo. Era um ideal romântico que apelava para a ideia da "alma" da Rússia presente na terra e naqueles que a domavam em benefício do povo.

Os populistas, dos quais fazia parte o romancista Leo Tolstói, estavam em competição com os marxistas (na época chamados social-democratas) pela estima dos elementos radicalizados da população. Marx tinha defendido que o desenvolvimento capitalista levaria de forma inevitável ao surgimento de uma classe trabalhadora industrial, que acabaria superando em número os camponeses e se tornando sua liderança política. Enquanto os marxistas encorajavam o desenvolvimento da consciência da classe trabalhadora e a organização da classe trabalhadora, os populistas enfatizavam a natureza indiferenciada do povo russo como um todo em suas lutas contra o czarismo e a autocracia. Marx também sublinhava que a emancipação da classe trabalhadora "tem de ser obra da própria classe trabalhadora", sugerindo que não havia necessidade de uma liderança da classe trabalhadora e, portanto, da separação entre representantes e aqueles a serem representados.

Contudo, dado o estado da consciência política do camponês, os populistas achavam que o povo precisava de alguém ou algum movimento para representá-los, para guiá-los, para libertá-los. O povo virtuoso, honesto, encontraria quem o pudesse salvar das elites gananciosas, vorazes, que viam nele um mero instrumento para manter sua posição privilegiada e sua vida de luxo. Os *narodniks* criaram, assim, o padrão para um movimento que compreende as necessidades e os interesses do povo, que tem uma relação direta e não mediada com o povo e que, portanto, guiará o povo para os planaltos ensolarados de uma sociedade em que os atuais antagonismos são eliminados. Para muitos, essa é a chave para entender a dinâmica política em ação no populismo.

Os partidos de agricultores dos Estados Unidos da América

Mais ou menos na mesma época em que o populismo estava emergindo na Rússia e procurando se estabelecer como a principal oposição ao czarismo, partidos políticos novos e peculiares estavam sendo criados nos EUA. Ao contrário da Rússia, os Estados Unidos já eram uma democracia e, portanto, era possível criar partidos políticos de forma legal e aberta. Tanto o Partido Republicano quanto o Democrata tinham sido fundados no início do século para representar interesses e pontos de vista emergentes. Havia também uma forte tradição de candidatos independentes defendendo causas e levantando problemas que os principais partidos pareciam ignorar.

Em fins do século XIX, foram criados novos partidos para representar agricultores e pequenos proprietários de terra que consideravam que seus interesses tinham sido fortemente negligenciados por partidos metropolitanos concentrados nas necessidades dos cidadãos nas novas cidades, grandes ou pequenas. Sua retórica se voltava para o "homem comum" (com frequência um código para homem *branco* comum), protestando contra a imposição de valores liberais e igualitários na zona rural. Também havia, sem dúvida, uma corrente abafada de ressentimento porque a nova riqueza e o poder da nação mal pareciam estar gotejando para suas áreas empobrecidas, em particular no sul.

Outras ondas de populismo se formaram de modo intermitente no decorrer do século XX. Vez por outra ameaçavam causar impacto em âmbito nacional, como nos anos 1930, quando o carismático Huey Long deixou uma profunda impressão em parte considerável do eleitorado. Long foi governador da Louisiana de 1928 a 1932 e depois senador do estado até ser assassinado em 1935. Membro do Partido Democrata ligado ao New Deal, havia desenvolvido um programa próprio, "Share our Wealth" [Compartilhe nossa Riqueza], afirmando que os pobres do sul ainda não haviam se beneficiado do avanço econômico e que, portanto, era necessária uma redistribuição muito maior de renda ao lado do já extenso investimento em infraestrutura e serviços.

Ele foi logo seguido por George Wallace, o incendiário governador do Alabama, que acrescentou um elemento racial ao discurso a que os eleitores brancos e sulistas da classe trabalhadora, confrontados com exigências de acabar com a segregação em escolas e universidades, se mostravam receptivos. Por um momento, no final da década de 1960 e no início dos anos 1970, parecia que o populismo faria um grande avanço no cenário nacional, mas ele acabou sendo suplantado pelo movimento dos direitos civis. O sentimento de ser ignorado pela política vigente era palpável entre moradores das áreas rurais e agrícolas e é o que de fato explica por que apareceram novos partidos. Havia um forte senso de privação de direitos, de ser desprezado por uma ordem política concentrada em áreas urbanas de rápido crescimento. A grande novidade foi o surgimento de veementes figuras carismáticas, como Long e Wallace, que expressavam a causa do homem comum em uma retórica áspera, de fácil acesso, que falava diretamente a esses grupos de eleitores e suas preocupações. Nenhum dos dois estava preocupado com o impacto que teria na "opinião educada". Ambos anteciparam o que se tornaria uma postura central da liderança populista: uma linguagem simples, sem besteiras, com a implicação de que eles eram "exatamente como nós".

Caudilhismo latino-americano

Um terceiro ponto de referência para muitos estudos clássicos do populismo é a emergência na América Latina, no decorrer do século XX, dos regimes do "homem forte", ou caudilho. Aqui o foco está menos voltado para as características ou qualidades possuídas pelo povo e mais para a dinâmica política entre governantes e governados.

Os regimes colonizadores espanhol e português lutavam para manter o controle sobre populações sem terra e populações indígenas, e a natureza da conquista colonial costumava deixar uma herança amarga de disputas por fronteiras e por recursos, disputas que vieram novamente à tona no século XX. O legado colonial da América Latina produziu sociedades difíceis de governar, muitas vezes incontroláveis, com instituições fracas, mas exércitos fortes. A resposta foi a imposição de uma ideologia da nacionalidade para tentar abrandar o passado histórico e sustentar o exercício do poder do Estado, impedindo o desmembramento do Estado-nação. Em todo o continente, surgiu um padrão semelhante: a imposição, em geral por meio da aplicação direta de poder militar e policial, de presidentes caudilhos ou líderes que procuravam unificar o povo e impedir a desintegração.

A figura clássica de líder em estudos do populismo é Juan Perón, da Argentina, um ex-oficial do exército que chegou ao poder em 1943, após um golpe militar. Isso se tornou o modelo para uma série de regimes semelhantes em todo o continente que alegavam representar e unificar o povo. O argumento crucial era que o líder entendia e sabia do que o país precisava. Essa unidade seria expressa no líder e por meio dele, não por meio da constituição, da monarquia ou do conjunto mais amplo de instituições que servissem de base ao regime. Como o próprio Perón observou, "a verdadeira democracia é onde o governo faz o que o povo quer e defende um interesse único: o do povo".

Nesse sentido, uma verdadeira democracia está acima do confronto político habitual. Não é nem de esquerda nem de direita, termos que indicam uma orientação política, que antes dividem que unem as pessoas. Em um gesto que para muitos é típico do populismo, isso transcende por completo o desordenado terreno da política para gerar uma ideia de pessoas sendo unificadas por trás de uma figura que busca um relacionamento quase monárquico com os que estão sendo representados. A ideologia é rejeitada em prol de um relacionamento direto, não mediado, entre o líder e o povo que ele representa.

Vimos três vinhetas de antigos movimentos e líderes populistas. Certamente elas não são as únicas a que poderíamos nos referir; há sempre debate em estudos do populismo sobre que regimes ou movimentos representam os melhores exemplos do populismo em ação. Mas nossos exemplos afloram em quase todos os relatos do populismo que procuram extrair uma definição de estudos de caso, uma abordagem-padrão para tentar definir o que é único ou típico do populismo quando comparado a outros tipos de regime ou movimento. Que características exibem esses movimentos e regimes que, em combinação, constituem o populismo?

Em poucas palavras, o populismo é uma forma ou um estilo de política que:

- Vê o antagonismo fundamental na sociedade como o que existe entre "o povo" (bem) e "as elites" (mal).
- Constrói o contexto político em termos de uma "crise" que põe em destaque a inadequação do *establishment* político.
- Oferece uma visão redentora, em vez de uma abordagem guiada pela política, tecnocrática ou baseada em problemas.
- Tem como centro uma figura carismática que afirma possuir poderes excepcionais de liderança.
- Aplica um uso mais franco, mais voltado para o confronto, mais direto da linguagem, o "falando claramente".

Até que ponto, então, esses traços são relevantes para pensar sobre como o populismo se parece hoje, em oposição a séculos anteriores?

"O povo" versus "as elites"

O traço mais característico dos movimentos e partidos populistas é sua propensão para dividir a sociedade em dois grupos antagônicos: o povo, de um lado, e as elites, do outro. Para alguns críticos, como Ernesto Laclau, esse é o único traço que diferencia o populismo de outros estilos de política. Esse foco no povo, no entanto, também causa uma boa dose de confusão. Por quê?

Na medida em que estamos olhando para o populismo em contextos democráticos, estamos discutindo sistemas políticos em que o povo, o *demos* em grego, é soberano. A democracia foi originalmente entendida como *governo pelo povo*. Nos tempos modernos, apela-se com frequência ao povo, por exemplo na Constituição dos Estados Unidos, famosa por começar entoando: "Nós, o Povo dos Estados Unidos, a fim de formar uma União mais perfeita [...] promulgamos e estabelecemos esta Constituição para os Estados Unidos da América". Parece curioso identificar um apelo ao povo como algo característico do populismo. Se o povo é soberano e, em certo sentido, sujeito de uma política democrática, por que devemos associar o povo ao populismo e não apenas à política democrática?

A resposta está nas características distintivas das democracias modernas. Na antiga Atenas, esperava-se que todos os cidadãos realizassem as tarefas comuns necessárias à comunidade, como participar na tomada de decisões, ocupar cargos públicos e servir como jurado. Como cidade-Estado, ou *polis* (daí a *política*, os assuntos da *polis*), Atenas tinha uma população pequena, da qual apenas uma fração — que não incluía mulheres, estrangeiros ou escravos — era qualificada para que seus membros fossem considerados cidadãos. Só uma pequena proporção da população total participava da política e só era capaz de fazê-lo porque era sustentada economicamente pelos esforços de um número muito maior de pessoas que não eram reconhecidas como cidadãs.

Com o surgimento de nações-Estados muito maiores no início do período moderno, a transição para sistemas democráticos veio a pressupor um sistema de representação, não a participação direta de todos os cidadãos. Em vez de ser definida como as pessoas governando a si próprias por meio da tomada direta das decisões, a democracia se tornou — nas famosas palavras de Abraham Lincoln — o governo "do povo, pelo povo, para o povo", sugerindo um importante papel da representação (*"para o povo"*).

Com a representação vieram os partidos políticos, para fornecer um foco organizacional àqueles que compartilhavam ideologia, valores ou crenças semelhantes. Durante os séculos XVIII e XIX, foram criados partidos políticos para defender determinados interesses, identidades e ideologias. Os liberais se uniram para formar partidos liberais, os socialistas para criar partidos socialistas, os católicos para criar partidos católicos.

Inerente à evolução dos modernos sistemas representativos está o que os cientistas políticos chamam de *pluralismo*. É a ideia de que sociedades complexas são marcadas por importantes diferenças de atitude, opinião, identidade e interesses, encorajando a criação de diferentes partidos para representar essas diferenças. Uma das funções históricas das eleições tem sido permitir que essas diferentes tendências, identidades e vozes possam competir em um ambiente aberto e tolerante, em que os cidadãos possam fazer suas próprias escolhas sobre em que partido ou líder votar.

Essa é a teoria. Se é assim que ela funciona na prática é uma história à qual retornaremos. Mas a ideia é que a política democrática respeita as *diferenças* entre o povo e se aprofunda com elas; o povo não é visto como massa homogênea a ser representada por um só partido ou uma só pessoa.

A mesma coisa se aplica quando se trata da natureza das elites, o outro lado da equação populista. Cientistas políticos encorajam uma compreensão da elite como ela própria composta de diferentes interesses, necessidades e formas organizativas. Querem no mínimo que se distinga entre *elites econômicas*, abrangendo bancos, grandes empresas e mercados financeiros, e *elites políticas*, compostas por líderes e principais funcionários de partidos políticos, titulares de cargos ministeriais e membros importantes do funcionalismo público, para mencionar apenas alguns participantes.

Reduzir isso à ideia de uma "elite" única representa a simplificação de um quadro complexo para ganhar pontos na arena política. E aqui se chega ao cerne de outro traço do populismo, que é o fato de ele oferecer uma *simplificação* radical das estruturas sociais, incluindo as elites. Como veremos, esse é um tema constante na crítica ao populismo e faz parte da abordagem francamente irresponsável e imatura levada por ele à governança.

Por fim, precisamos tocar na natureza do *antagonismo* político em condições democráticas. Historicamente, a grande vantagem dos partidos políticos é que eles têm assegurado que as principais divisões da sociedade sejam representadas na legislatura. Socialistas e liberais têm seus próprios partidos políticos e, quando é relevante, isso também acontece com protestantes e católicos. E assim por diante, por meio das muitas posições e identidades em complexos ambientes modernos. Isso significa que as divisões na sociedade que poderiam, eventualmente, se torna desagregadoras encontram um escoadouro no sistema de governo. Esse escoadouro tem assegurado que as vozes das minorias sejam ouvidas, consagrando, ao mesmo tempo, o princípio do governo da maioria ou da "vontade majoritária", que está no cerne da democracia representativa.

O populismo vira tudo isso de cabeça para baixo, insistindo na *unidade* essencial do povo em sua luta com as elites. Como Jan-Werner Müller afirma, o populismo se equipara a "uma determinada imaginação moralista da política, um modo de perceber o mundo político que coloca um povo moralmente puro e plenamente unido — mas, em última análise, fictício — contra elites que são consideradas corruptas ou, de um modo ou de outro, moralmente inferiores". Isso vai muito além do tipo de lógica majoritária a que estamos acostumados na democracia representativa, rumo a uma postura que muitos comentaristas veem como embrionariamente totalitária, em que todas as diferenças entre indivíduos são apagadas a favor de uma compreensão "monista" do coletivo. Isso causa preocupação entre aqueles para quem a democracia diz respeito tanto à proteção de minorias quanto ao respeito aos desejos da maioria. Por essa razão o populismo é com frequência retratado como intimidador, intolerante e perigoso para os direitos duramente conquistados das minorias.

Nunca deixe uma boa crise ser desperdiçada

Sem crise, há pouca chance de o populismo ganhar força. O populismo coloca o povo contra as elites ou a classe governante, o que implica a existência de uma crise envolvendo o relacionamento entre aqueles que representam e aqueles que são representados. O populismo é uma forma inabitual ou extraordinária de política. Ele se torna viável onde a política "normal" não consegue fornecer soluções aos problemas que dizem respeito aos cidadãos ou que os motivam. As pessoas passam a olhar além do menu habitual de opções, voltam-se para um líder ou partidos que trazem uma análise mais radical abordando suas preocupações e prometendo resolvê-las.

A discussão dos *narodniks* mostrava que o populismo russo surgiu sob um governo autocrático. Na falta de qualquer escoadouro legal para opiniões políticas que contestassem o regime, os ativistas usavam — o que era compreensível — a linguagem do povo *versus* elite governante para gerar *momentum* político. A mudança tinha de vir de fora ou de além da monarquia. Governo autocrático indiferente, más colheitas e um duradouro ponto de interrogação sobre um determinado modo de vida criavam uma base útil para os populistas prosperarem.

Nos EUA, o sentimento de crise foi precipitado pelas dificuldades enfrentadas por pequenos agricultores, lojistas, pobres e marginalizados, que achavam que suas necessidades e seus interesses eram ignorados pelo *mainstream* político. Eles criaram seus próprios partidos e usaram a linguagem do povo para forjar uma causa comum com outros que estavam "fazendo o trabalho duro". Isso contrasta com a América Latina, onde a política muitas vezes tem lugar em um contexto saturado de oposição e divergência (sobretudo entre os elementos excluídos da população), levando a uma atmosfera de crises de identidade, de padrões de vida, de nacionalidade e de sobrevivência coletiva. É um solo rico para o populismo prosperar.

Se avançamos para anos recentes, encontramos partidos e aventureiros procurando gerar descontentamento com o desempenho daqueles que governam. A extrema direita progrediu com rapidez nas últimas duas décadas na Europa provocando um sentimento de crise cultural relacionada à imigração, ao afluxo de refugiados e ao medo de que o crescimento de uma minoria muçulmana chegue a ponto de desafiar o *ethos* cristão dominante da sociedade europeia. O compromisso das elites europeias com a livre circulação de pessoas, o multiculturalismo e uma sensibilidade cosmopolita as coloca em grande conflito com essa extrema direita quando elas tentam promover e proteger identidades culturais e sociais distintas. Grande parte da Europa continental está preocupada com o rápido afluxo de refugiados do Oriente Médio e da África do Norte e percebe a "islamização" da Europa como uma ameaça existencial à sua própria cultura e às suas tradições. No Reino Unido, a votação a favor do Brexit resultou em grande parte da visão de que os serviços públicos tinham sido "inundados" por milhões de imigrantes da Europa Oriental e além. Nigel Farage acrescentou combustível ao fogo lançando um pôster que parecia apresentar milhares de pessoas turcas numa fila para ter acesso à Grã-Bretanha. Na realidade, a foto que ele usou era de refugiados fugindo da zona de guerra na Síria, o que denunciava a impostura de sua intenção.

Mais perto do presente, a crise financeira global também pôs em questão a competência das elites. Muitos países sofreram durante a recessão, quando as políticas de austeridade e rigor atingiram os pobres e ampliaram o abismo entre os que têm e os que não têm. Em seu discurso de posse, Donald Trump apelou bastante para a crise que aflige a indústria manufatureira norte-americana e, por extensão, pessoas da classe trabalhadora quando tocou no tema da "carnificina americana", elevando de forma espetacular as apostas políticas em seu mandato.

O populismo é um *efeito* da crise, mas também pode ser sua *causa*. Políticos populistas compreendem que seu jogo só ganhará força se as pessoas acreditarem que existe uma crise que requer uma mudança radical de curso, uma nova política e uma nova liderança. Isso ajuda a explicar o caráter e o tom da política populista, que com frequência procura destacar alguma suposta deficiência, usando estatísticas distorcidas e linguagem e imagens dramáticas para tornar mais intenso o sentimento de que é necessária uma providência — providência que as elites são incapazes ou não estão dispostas a tomar. Os populistas compreendem que, na ausência de crises, podemos esperar que o sistema político volte a seu habitual caráter prosaico, com os cidadãos escolhendo quem deve representá-los a partir do menu usual. Só o desastre iminente que uma liderança atual não possa evitar verá cidadãos rejeitando a ordem dominante em favor de algo desconhecido.

Política redentora *versus* monotonia política

Se o populismo prospera quando há um sentimento de crise e na verdade requer a percepção da crise para ganhar tração, isso acontece porque oferece uma visão redentora, em oposição à abordagem da "política de sempre" favorecida pelo sistema político vigente: só eles podem salvar o povo de uma calamidade ou de um destino que ameaça sua prosperidade, sua segurança e, talvez, sua própria existência.

O movimento populista russo foi inspirado pela ideia de salvar a Rússia do destino que tinha se abatido sobre o Ocidente. Segundo se argumentava, a industrialização e a urbanização levaram ao ateísmo, ao consumismo e à decadência. As pessoas tinham que ser salvas de si mesmas. Isso significava a criação de um movimento que resistisse à ocidentalização e promovesse a nobreza simples do camponês e o *mir*, ou estilo de vida comunal. Sentimentos parecidos, formulados de maneira diferente, sustentaram o surgimento do populismo nos EUA. Mais uma vez, a simplicidade e a nobreza da vida rural eram contrastadas com o inebriante coquetel de tentações representado pela vida nas grandes e pequenas cidades emergentes. Na América Latina, movimentos populistas reforçaram a ameaça existencial da ilegalidade e o colapso da integridade da nação em públicos que enfrentavam desafios externos, sob a forma de rivalidade regional, e internos, sob a forma de divisão política, inquietação social e fracasso econômico.

Temas semelhantes são expressos pelos políticos de hoje. O *slogan* da campanha eleitoral de Trump "Faça a América voltar a ser Grande" enfatizava outra dimensão da conversa populista: a nostalgia por um mundo perdido, uma sociedade perdida, uma sociedade que precisa ser resgatada — ou recriada — para recuperarmos um senso de ordem coletiva e harmonia. Na Europa, o tema dominante diz respeito à ameaça à identidade nacional e, de maneira mais ampla, ao que é considerado característico da civilização europeia (ao contrário, supostamente, de culturas como o Islã): direitos humanos, liberdade de expressão e tolerância religiosa. É buscado um retorno ao mundo pós-westfaliano dos Estados-nação desfrutando de soberania e controle sobre as fronteiras e cooperando quando necessário para promover a segurança coletiva. A Europa precisa virar as costas ao cosmopolitismo, à globalização e às fronteiras abertas e cuidar de si própria.

Esse estilo redentor de política, essa promessa de salvar o povo, está em nítido contraste com o discurso da política democrática predominante, que costuma girar em torno da questão delicada de assegurar que as pessoas tenham um lugar para viver, um lugar para trabalhar e um lugar para os filhos serem educados. Além disso, a política democrática muitas vezes se caracteriza por um estilo de governança "tecnocrático", em uma moldura que se admite ser composta de múltiplas partes interessadas, um alto nível de complexidade, governança em vários níveis e interesses variados e concorrentes. É uma política que busca "resultados otimizados", "relações de custo-benefício" e "consenso" em oposição a "triunfos" espetaculares, parafraseando Trump. A política democrática gira em torno da necessidade de negociação, compromisso, toma lá dá cá, até porque a aritmética eleitoral costuma fazer com que um partido governante precise de um certo grau de cooperação de outros partidos, incluindo os partidos e interesses de oposição, para manter o carro na estrada. Isso pode levar a desfechos que são fruto de compromisso e negociação, não de uma identidade de propósitos ou pontos de vista. São os "conchavos", como a coisa é pejorativamente conhecida. Com demasiada frequência isso pode parecer politicagem de gente sombria em ternos cinzentos.

O populismo rejeita isso em prol da visão redentora, radicalmente simplificada, de um povo renascido e liberto da complexidade e das divisões que o tinham engolfado. Apresenta-se como um estilo direto, vibrante, edificante de política; uma interrupção refrescante dos modos de legislação muitas vezes extremamente técnicos que são a essência da elaboração de políticas democráticas. É uma política que fala diretamente a nossas emoções, a nossos medos mais profundos e a nossas mais profundas esperanças. Como sabem os diretores de cinema, os públicos gostam de uma clareza de intenções. Gostam de mocinhos e bandidos diferenciados de maneira clara e gostam de catárticos finais felizes. O populismo é para a política o que Hollywood é para o cinema. Coloca de lado a monotonia e a rotina em prol do épico e espetacular: "Vamos Construir um Grande, um Belo Muro!".

Leve-me a seu líder

Dificilmente causaria surpresa que um líder carismático seja um aspecto fundamental do populismo: Perón, Le Pen, Trump, Wilders; a lista é longa. Mas há exceções. Faltavam ao populismo russo não só figuras carismáticas, mas também líderes com um vínculo genuíno com aqueles que estavam procurando liderar. Tudo era em grande parte um exercício intelectual, pontuado por episódios de violência e drama, com lobos solitários procurando assassinar membros da classe dominante, nunca uma verdadeira mobilização. Nos Estados Unidos, o populismo vomitava porta-vozes, mas poucas figuras peso-pesado com capacidade de mobilizar o povo de modo eficiente; Huey Long e George Wallace talvez sejam as notáveis exceções. *Candidatos* populistas como Pat Buchanan e Ross Perot vieram e se foram, pois a resiliência do sistema bipartidário dificulta que candidatos independentes ganhem força nacional. O Tea Party* trouxe a imagem de uma mobilização significativa para uma causa populista, mas foi sempre perseguido por acusações de que jogava antes em grama artificial que num gramado nativo, com raízes.**

Em contrapartida, a América Latina oferece muitos exemplos de homens fortes que se encaixam no modelo do líder carismático: Perón, Chávez, Castro, Guevara, Ortega e, mais recentemente, Bolsonaro. Podemos debater se os movimentos que lideraram ou a que estão associados são populistas, mas não há dúvida de que o caudilhismo impregnou de forma profunda a história da região. Na política contemporânea, é mais fácil identificar figuras que correspondam à descrição. Trump já é o exemplo clássico (e cer-

---

* O movimento do *Tea Party*, ou Partido do Chá, é uma facção do Partido Republicano. (N. do T.)

** Isto é, que seria mais fruto de manipulação que manifestação espontânea com base popular. (N. do T.)

tamente o mais discutido), mas outros exemplificam as questões com a mesma clareza. Jean-Marie Le Pen, ex-líder da *Frente Nacional* francesa (atual Agrupamento Nacional), ilustra, sob muitos aspectos, a natureza do líder populista ao explorar um coquetel embriagador de fanfarronice, crítica das elites, retórica simplista e visões distorcidas. Le Pen também ilustra a natureza da relação entre o líder populista e o partido. Na mente dos eleitores, a *Frente Nacional* ficou fortemente identificada com Le Pen; o que não surpreende, visto que ele liderou o partido de 1972 até 2011. Tão implantada está a associação que também não surpreende que sua filha, Marine Le Pen, tenha assumido o lugar do líder, nem que a neta (sobrinha de Marine), Marion Maréchal-Le Pen, tenha ganho proeminência como política ligada à FN numa idade bastante precoce.

Em vez de o líder servir ao partido, os partidos populistas muitas vezes parecem existir como veículos para o avanço de um determinado político ou uma família. Comparemos essa situação com bem estabelecidos partidos políticos democráticos do *mainstream*, como os democratas nos EUA, os conservadores no Reino Unido ou a União Social Cristã (CSU) na Alemanha. Aqui, o líder está democraticamente obrigado a prestar contas a seus deputados, aos filiados ao partido e, vez por outra, diretamente aos cidadãos. O partido existia antes do líder e continuará a existir depois que o líder tenha mudado, se aposentado ou sido deposto. O partido é o repositório dos valores, da ideologia e do programa com o qual o povo se identifica; o líder é uma figura de proa e talvez a chave dos êxitos eleitorais. Mas o partido pode e vai sobreviver ao ir e vir de qualquer líder.

Esse sentimento de que o partido tem primazia sobre o líder é com frequência mais fraco em partidos ou movimentos populistas. Como em geral é o *líder* que promete a redenção, a terra prometida, a salvação da crise, o populismo tende a ser um estilo mais *pessoal* de política, apesar da "presidencialização" da política que se pode perceber na corrente principal dessa política, assim como em suas margens. Os eleitores são convidados a admitir as qualidades excepcionais de uma determinada pessoa, por isso é justo que o líder tenha um lugar particularmente privilegiado no partido. O líder populista é onisciente, enxerga longe e é inspirador; é a fonte do movimento cuja lógica muitas vezes parece ser levá-lo ao poder.

Líderes são importantes, mas são cruciais para a definição do populismo? Existe, na política contemporânea, alguma ambivalência relativa a quanto são importantes. Sem dúvida os noticiários da mídia não têm dificuldade em continuar chamando certos partidos políticos de populistas, mesmo na ausência de um líder evidente no molde de Trump ou Le Pen. O *Podemos*, criado em 2014 por democratas radicais na Espanha, é com frequência denominado populista, mas foi organizado, e em seus primeiros tempos liderado, por um triunvirato (Pablo Iglesias, Íñigo Errejón e Juan Carlos Monedero). O AfD teve dois líderes, um dos quais renunciou imediatamente após a eleição geral mas sem, ao que parece, reduzir seu apelo. O Movimento 5 Estrelas, da Itália, foi criado por uma figura carismática, Beppe Grillo, embora ele insista que não é seu líder e, de fato, Grillo nunca exerceu um cargo eletivo.

A situação é um pouco mais complexa do que parece à primeira vista. Provavelmente é mais correto considerar que o populismo se presta a um *tipo* particular de liderança e a um tipo particular de discurso. Partidos e movimentos populistas podem existir e ter sucesso mesmo quando lhes falta uma figura carismática ou claramente identificável à maneira dos Le Pens. Muitos dos partidos de extrema direita da Europa sobreviveram ao vaivém dos líderes sem enfraquecer seu apelo para os eleitorados. Mas

PODEMOS

Podemos é um partido político espanhol de esquerda criado em 2014, após as manifestações cidadãs de 15 de maio de 2011 (popularmente conhecidas como #15M). Os protestos foram desencadeados pela imposição de medidas de austeridade na esteira do colapso financeiro, levando mais de 6 milhões de cidadãos às ruas para ocupar praças e locais públicos. O *Podemos* foi criado para dar um foco eleitoral às demandas dos cidadãos. Seus líderes incluem Pablo Iglesias e Íñigo Errejón, ambos professores da Universidade Complutense, em Madri. O partido conseguiu um avanço imediato nas eleições europeias de 2014, conquistando 9% dos votos e cinco assentos no Parlamento Europeu. Nas eleições gerais espanholas de 2016 e 2017, recebeu cerca de 20% do voto popular, rompendo o sistema de dois partidos que estivera em evidência desde a transição da Espanha para a democracia nos anos 1970. O *Podemos* defende maior participação pública na tomada de decisões, políticas sociais redistributivas e o fim da corrupção e do clientelismo que têm marcado a cultura política espanhola. É também fortemente internacionalista e defensor da reforma da União Europeia. Ada Colau e Manuela Carmena, ativistas políticas aliadas ao *Podemos* e à #15M, foram eleitas prefeitas de Barcelona e de Madri, respectivamente, em 2015.

também pode ser que esses partidos de extrema direita, em particular os da Escandinávia, não sejam realmente populistas. Podem ter um discurso populista (o povo *versus* as elites etc.), mas lhes faltam certas qualidades que, por exemplo, o Agrupamento Nacional exibe.

Controvérsias desse tipo são o repertório básico dos debates em curso na área da ciência política relativos a como devemos definir o populismo e se (por exemplo) partidos de extrema direita são por definição populistas ou apenas mais propensos a se tornarem populistas. Para comentaristas como Jan-Werner Müller, o mais importante sobre o populismo é que ele procura uma conexão direta ou não mediada com as pessoas. Não reconhece o pluralismo como um traço intrínseco e desejável da governança democrática. É impaciente e com frequência intolerante a sistemas de representação baseados no pluralismo e respeito pelas visões e opiniões dos outros. Por que passar pelos percalços de tolerar essas forças políticas diferentes e concorrentes quando temos uma *conexão direta e imediata* com o povo, quando compreendemos suas necessidades e seus desejos mais profundos? O pluralismo e o sistema de competição entre partidos e grupos de interesse é, sem dúvida, um excesso de material se colocando no caminho desse vínculo visceral, parafraseando Marine Le Pen. Para o populismo a tarefa é a simplificação do político, sua redução a um relacionamento construído com base em uma compreensão monocromática da representação. O líder representa o povo; o povo vê seu líder como inconfundível, especial. Isso, em certo nível, é o presidencialismo *in extremis*, uma tradução secularizada da monarquia para uma era de hipermediação.

Falta de civilidade como uma arma da política

O populismo é uma forma *extraordinária* de política. Extraordinária no sentido de que rejeita o ordinário como cúmplice da continuação de um estado de coisas insuportável: a opressão do povo por elites vilãs. O populismo é uma política emotiva. É uma política de exasperação ante a situação do mundo. É, portanto, uma política que não hesita muito em recorrer a estilos e formas de comportamento que assustam, chocam e estabelecem confrontação.

Isso, deve ser dito, é antes um traço emergente no populismo contemporâneo que uma característica particularmente nítida nos exemplos que demos de suas origens. Com relação aos populistas russos, como variedade romântica de anticapitalismo, o discurso é melhor caracterizado como lírico, nostálgico e pelo menos um pouco paternalista, voltado em particular para o modesto camponês russo, objeto de suas simpatias. Nos EUA, o tom populista foi de justa indignação, beirando o desprezo pelas distantes figuras metropolitanas que haviam decepcionado os honestos peões do campo. Na América Latina, é um discurso marcado, de um lado, pela crítica inflamada e, de outro, por arrogantes promessas redentoras.

Entra aqui uma breve sinalização do que se tornará uma das marcas distintivas da política populista contemporânea: a "falta de educação", como diz Ben Moffitt. Mesmo aqui, no entanto, podemos ver como o populismo rejeita a monotonia, a rotina e a tarefa cotidiana de cuidar da política como de costume. Em cada caso, encontramos a política como missão, como salvação, não como questão de assegurar que os serviços públicos sejam prestados, que os trens circulem com pontualidade e que o lixo seja recolhido. O populismo é um empreendimento heroico, não uma política comum. Requer um estilo de discurso expansivo, ambicioso, que aborde as necessidades existenciais do povo e da nação. Atualmente, vemos essa grandiosa narrativa unida ao tom intimidador que muitos associam agora ao populismo em pessoas como Duterte, Trump, Farage, Bolsonaro e Pauline Hanson, fundadora do Partido Uma Nação e flagelo da esquerda multicultural na Austrália.

Talvez o aspecto mais chocante da rápida ascensão de Trump ao poder tenha sido o desprezo que ele demonstrou primeiro para com seus adversários no Partido Republicano e depois para com Hillary Clinton. O coro "Coloquem Ela na Cadeia!" liderado por Trump nos comícios de campanha foi típico dessa atitude. É difícil encontrar muitos paralelos no discurso democrático contemporâneo para a decidida falta de gosto e a falta de civilidade que Trump exibiu na campanha presidencial. São múltiplos os exemplos de seu comportamento grosseiro, do dedo sempre apontando para os grupos de repórteres com os gritos de "*fake news*"* à depreciação de rivais, como chamar o líder norte-coreano Kim Jong-un de "homem-foguete". Para onde quer que vá, Trump parece produzir indignação, raiva e frustração.

Talvez incivilidade seja um termo bastante moderado, dada a direção que os líderes populistas contemporâneos parecem estar

---

* "Notícias falsas." São as informações noticiosas que não representam a realidade, mas que são compartilhadas na internet como se fossem verídicas, principalmente por meio das redes sociais. (N. do T.)

tomando. O populismo costuma usar uma linguagem mais adequada à guerra ou ao conflito que a um razoável debate democrático. A linguagem dos Le Pens está cheia de perfídias, com "traidores", "fraudes" e "assassinos". Na campanha presidencial de 2017, Marine Le Pen insistiu para que a escolha com que o povo francês se defrontava fosse entre alguém que compreendia os perigos que ameaçavam a nação (ela) e alguém que era cúmplice dos sentimentos crescentes de insegurança, medo e repugnância que marcavam a sociedade francesa (Macron). A linha entre a crítica respeitosa, do tipo familiar em contextos democráticos, e a difamação de oponentes é cruzada com facilidade pelos populistas.

Isso também pode ser dito de uma série de outros em toda a Europa. Wilders é um crítico bem conhecido do Islã, que tem falado em banir o Alcorão e fechar mesquitas na Holanda. Ele é um crítico frequente da classe política em seu próprio país, acusando-a de falta de "coragem política" e de "sentimento de urgência" para resistir à islamização do país. Na Hungria, Orbán protesta de modo incessante contra refugiados, imigrantes e membros acovardados do Parlamento, que teriam medo de defender o interesse nacional.

O fato é que a linguagem é no mínimo brusca e com frequência brutal e cheia de ódio. Não é de admirar que o surgimento de políticos populistas tenha sido acompanhado de um aumento nos crimes de ódio contra os que são objeto de sua crítica. Isso inclui não apenas componentes comuns do público marcados pela cor da pele ou pelas roupas que usam, mas também membros de elites desdenhosas que se colocam no caminho da redenção que eles pregam. Muitos parlamentares britânicos têm se queixado de como o Brexit alterou o tom da vida pública e tornou seu trabalho mais difícil ao reforçar a plataforma de políticos como Nigel Farage, que ganhou fama apontando as falhas da política e dos políticos na União Europeia e no Reino Unido. Quando Jo Cox, um deputado trabalhista britânico cuja voz se fazia publicamente ouvir em defesa dos direitos de imigrantes e refugiados, foi assassinado por um partidário neofascista do Brexit, a tragédia serviu, segundo se argumenta, como testemunho do embrutecimento da vida pública e da intensificação da defesa de interesses pessoais no debate político. Jo Cox pagou o preço mais elevado por sua postura humanitária em face da investida contra os imigrantes.

O populismo é um conceito incomum. Não se ajusta às características em geral associadas a ideologias ou "ismos". Se é uma ideologia, é fraca ou magra; não é uma ideologia bem desenvolvida com base em uma doutrina sofisticada, como o Marxismo, mas uma espécie de sentimento elevado à condição de prática política ou visão de mundo: poder para o povo, não para as elites. Por outro lado, Müller (por exemplo) insiste em que deveríamos ver o populismo como possuidor de uma "lógica interna", um certo modo de pensar sobre como e para quem a política funciona, o que por sua vez pode ou não revelar alguma tendência maligna.

Na maioria das vezes, a ideia do populismo como uma síndrome marcada por certos traços e características está mais próxima de como muitos especialistas, assim como muitos na mídia, o veem. Também capta o sentido, que muitos comentaristas procuram explorar, do populismo como um evento temporal que aparece em uma conjuntura particular, daí as frequentes referências à explosão populista, ao momento populista e assim por diante.

Isso reforça a ideia do populismo como algo que *acontece*, em vez de ser visto apenas como um *tipo* de política, partido, movimento, ideologia ou regime. Na medida em que é um tipo de política, tentei captar a essência do populismo nesse conjunto de características. De modo algum isso é definitivo. Existem aqueles que insistirão que um líder carismático é muito menos significativo que o uso de um certo discurso (povo *versus* elites). Outros vão achar que os aspectos estilísticos ou performáticos do populismo ("maus modos", grosseria da linguagem etc.) contam menos que o conteúdo substantivo da tese populista: as elites nos decepcionaram e precisam ser desafiadas de fora. O que importa não é fechar esse debate insistindo numa definição imaculada de populismo, mas dar uma noção de como o populismo é tratado por especialistas em ciência política e nos comentários da mídia.

Talvez por causa dessas peculiaridades, não se deva negligenciar o fato de que o conceito de populismo também possui seus detratores, aqueles que pensam que de alguma forma ele é defeituoso. É um termo polêmico e desperta desconfianças quase sempre que é usado e em qualquer contexto. Antes de deixar para trás minha tentativa de definir o populismo, será útil fazer uma breve pausa para examinar algumas objeções a ele.

Problemas com populismo — a-histórico e descritivo?

O populismo é um conceito que se refere a um conjunto de características. Não tem nenhuma linhagem que possamos usar para traçar suas origens. Ou, se tem, ela é muito irregular. Isso torna o populismo um "ismo" muito diferente de ideologias como o marxismo ou o liberalismo. O marxismo começa com Marx; o que torna marxista um movimento ou partido é o fato de ele se identificar com seu legado intelectual, suas análises e prescrições. Aqueles que querem conhecer mais sobre a história do marxismo podem seguir a trajetória das ideias e práticas dos que se chamam marxistas. Como o populismo não tem partidários, esse tipo de operação está excluído. Falta ao populismo um "lar", um conjunto de pontos consensuais de referência que o constituam como ideologia, como um conjunto de crenças ou pontos de vista mobilizadores. Como resultado, o populismo quase se torna qualquer coisa que alguém queira fazer dele. Qualquer discussão sobre se um determinado líder ou movimento partidário é ou não populista requer uma definição do que o autor entende por populismo. Mesmo pelo padrão normal de debates na política, tal nível de contextualização é fora do comum.

Isso sugere que a lógica do conceito de populismo está menos voltada para o traçado do fluxo de sua herança intelectual que para a reunião de casos entre os quais (apesar de diferenças significativas) parece haver algumas similaridades importantes, mesmo que de descrição precária. Não se tem aqui, alguns têm argumentado, uma história muito boa, nem uma sociologia política das mais apuradas. E não é difícil entender por que essa objeção surgiu. Movimentos camponeses russos, partidos de agricultores dos EUA e *caudilhos* latino-americanos são fenômenos políticos muito diferentes, localizados em um terreno intelectual e político muito diferente, escorados por uma multidão de atores e problemas políticos muito diferentes. O que os liga? Algum tipo de crítica do modo como os assuntos são administrados ante as necessidades do povo, necessidades que foram ignoradas ou subestimadas por seus representantes? Nada muito incomum nisso. De fato, poderíamos virar a questão ao contrário e perguntar onde *não* vimos surgir esse tipo de crítica acrescida da afirmação de que algum movimento ou líder tem a resposta para os problemas coletivos. Movimentos e personagens vindos de fora de uma tradição política fazem parte da rica tapeçaria da vida política em todo o mundo e figuram, de forma mais ou menos contínua, na evolução dos sistemas políticos.

Se a ressalva é que movimentos barulhentos de *outsiders* seriam novidade em sistemas democráticos como o do Reino Unido, precisaremos nos lembrar da grande herança de movimentos e líderes impetuosos que se opuseram à ordem estabelecida e marcam a história britânica, dos hereges medievais e o Movimento do Espírito Livre aos Diggers, Levellers, Winstanley, Godwin, Shelley, Chartists. A lista continua. Isso também se aplica à maioria dos sistemas políticos que evoluíram para democracias. Onde encontramos uma ordem estabelecida ou elites, invariavelmente encontramos *outsiders* e grupos, movimentos e reivindicações antielite. Poderíamos ir mais além e observar que a Revolução Democrática que começou no início do período moderno pode ser compreendida em termos de sucessivas ondas desses *outsiders* políticos criticando o poder e o privilégio das elites em nome de maior engajamento e participação democráticos. Sem *outsiders*, protestos e movimentos sociais desafiando as elites, temos estagnação, não temos progresso algum no que diz respeito à evolução de sistemas democráticos.

53

Parece haver alguma justificativa para a acusação de que falta ao populismo um apoio adequado em uma tradição definida de pensamento ou prática. Até mesmo pesquisadores em estudos do populismo reconhecem que existe algo muito peculiar (ou talvez distintivo) em torno do conceito de populismo. Isso é parte do que torna o conceito interessante e estimula debate e crítica, mas também ajuda a explicar por que esses debates parecem muitas vezes ficar atolados em batalhas de definições. Se não são exclusivas do populismo, essas batalhas certamente parecem se apresentar maiores nesses debates que em muitos outros em ciência política.

Indiferente a crenças e valores?

Uma das características mais comentadas do populismo é que ele pode parecer ignorar diferenças de ideologia, crenças e valores. O movimento populista russo foi um movimento de esquerda de um tipo socialista. Os movimentos populistas americanos eram com frequência de instinto libertário e conservador, mas Huey Long, para tomar um exemplo proeminente, foi um democrata do New Deal. Regimes latino-americanos descritos como populistas foram de direita, de esquerda, comunistas e centristas, como o de Perón.

Hoje, Trump, Farage e Le Pen são muitas vezes descritos como populistas, mas cada vez mais descobrimos que figuras radicais de esquerda, fora do *mainstream*, como Bernie Sanders, Pablo Iglesias, Jean-Luc Mélenchon (líder do movimento França Insubmissa [*La France Insoumise*] e Alexis Tsipras, são também descritos como populistas, em especial pela mídia, que entrou num frenesi em torno da ascensão de *outsiders*, partidos e indivíduos. E tudo isso apesar do fato de os objetivos de indivíduos de direita como Trump e Le Pen serem bem diferentes dos de Iglesias e Tsipras. Os primeiros são nativistas, anti-imigrantes e anticosmopolitas; os segundos são internacionalistas, socialistas e igualitários. Como o modo de essas pessoas perseguirem seus objetivos passa a ser considerado mais significativo que seus programas tão diferentes? O problema se relaciona às origens do conceito de populismo em ciência política. A política comparativa, como sugere o rótulo, diz respeito a comparar características, em particular as características compartilhadas por partidos políticos, movimentos, sistemas eleitorais e legislaturas. É uma abordagem mais interessada em traços que nos propósitos, nas metas ou na filosofia professados por um movimento ou partido. Isso sugere que o que une pessoas tão diversas quanto Trump, Farage, Iglesias e Tsipras é mais importante do que aquilo que as divide. Não importa que os populistas de extrema direita possam ser (no limite) racistas e nativistas e que os populistas de esquerda professem igualitarismo e inclusão. Alguma característica, alguma lógica interna ou ideologia fraca os une.

Existem vários tipos de objeção a esse achatamento de movimentos e fenômenos tão diferentes. Primeiro, dado que a maioria dos movimentos e partidos do populismo vêm da direita política (Trump, UKIP, Agrupamento Nacional, AfD etc.), há uma tendência — talvez natural — para tirar conclusões com base neles. Líderes que gritam, maus modos, ameaças a instituições como imprensa e mídia; vemos os mesmos comportamentos repetidos um sem--número de vezes à direita. Mas eles são muito menos evidentes à esquerda. Tsipras, Iglesias, Sanders: inflamáveis? Sim. Odiosos, ameaçadores, malignos? Na verdade não. Poderíamos argumentar que "é apenas uma questão de opinião", mas a equiparação de uns e outros não chega a parecer convincente, pelo menos à primeira vista. Esses movimentos de esquerda são realmente uma ameaça à sociedade civil e às instituições democráticas? Alguns vão dizer que sim, mas a evidência é escassa. Extrapolações geralmente funcionam, mas não podemos esticar o elástico a ponto de perdemos contato com o princípio básico da análise inicial: o populismo significa algum tipo de ruptura com a política "normal" ou dominante.

Isso leva a um segundo ponto — a equivalência moral entre a extrema direita, que pode procurar vitimizar minorias e fechar o debate, e a extrema esquerda, que pode procurar remediar a injustiça, proporcionar bem-estar e fazer uma limpeza no sistema de governança. Somos muitas vezes incitados a resistir ao populismo ou a rejeitá-lo sob a alegação de que ele é irracional, extremista ou um perigo para as minorias, havendo portanto muita coisa em jogo. Os esforços de quem escreve sobre o populismo podem às vezes parecer um exercício de desqualificar movimentos ruidosos ou incômodos para escapar da abordagem de reivindicações políticas substantivas. Fazemos, de fato, uma afirmação: os movimentos de *outsiders* são todos iguais; por exemplo, eles estão todos fora de nossa ordem política. Mas a suposta semelhança é uma preocupação para aqueles que pensam que devemos julgar movimentos e partidos não só levando em consideração como eles *aparecem*, mas também o que estão procurando *alcançar* e como vão realizar seus objetivos. Tire essa preocupação e ficamos com uma análise de tom conservador que privilegia o *status quo* porque ele é menos barulhento, problemático e questionador que a política dos *outsiders*.

Um álibi para o desempenho das elites?

Como conceito, o populismo descreve um tipo particular de política, mas não nos diz muita coisa sobre *por que* esse tipo específico de política surge. Há uma menção a isso em um artigo do *The National Interest*, escrito por Francis Fukuyama, um comentarista conservador que observa que: "Populismo é o rótulo que as elites políticas atribuem às políticas apoiadas por cidadãos comuns de que elas [isto é, as elites] não gostam". O que ele está levantando é o papel bastante sutil que o conceito de populismo pode desempenhar ao desviar nosso olhar da dinâmica política em ação em muitas das nossas sociedades. Nós abordamos a questão do que diferencia figuras como Trump e Iglesias, mas vale a pena nos lembrarmos do que sem dúvida os une: eles são críticos do desempenho das elites. As elites, dizem, nos decepcionaram. Impuseram políticas que levaram a terceirização de empregos, catástrofes financeiras, despejos, recessão e austeridade. E ficaram o tempo todo cuidando de si próprias e de seus grupos de clientes.

Ao rotular essa crítica de "populista", os comentaristas a controlam, fazendo-a parecer insensata e irracional. O populismo evoca pensamentos negativos: medo da multidão, falta de civilidade, política emotiva, ataques a minorias e instituições. Nesse sentido, o populismo fornece um álibi perfeito para as elites. Faz a crítica voltar àqueles que a formulam, sugerindo que precisamos fazer todo o possível para garantir que o contágio populista não se espalhe, de modo que as elites possam dormir tranquilas.

O argumento de Fukuyama é importante. Destaca, em linhas gerais, uma característica da linguagem política: os termos que usamos carregam uma inflexão ideológica da qual podemos não estar cientes. O populismo não é, nesse sentido, um conceito inocente e isento de valores. Pouquíssimos conceitos no léxico da política são. Críticos como Fukuyama detectam algo suspeito, algo que aponta para o uso ideológico de um termo para apoiar e sustentar as elites e o mundo que elas criaram.

Já andamos antes por aqui. Nas décadas de 1940 e 1950, o conceito de totalitarismo foi popularizado por fornecer um conveniente atalho para regimes de extrema direita e extrema esquerda, como a Alemanha de Hitler e a União Soviética de Stalin. Como o populismo, o totalitarismo é um "ismo" sem partidários, no sentido de que ninguém se diz "totalitário". Em sua formulação clássica, na obra de Carl Friedrich e Zbigniew Brzezinski, o totalitarismo é uma "síndrome" baseada em uma lista de "traços e características inter--relacionados". O que se parece muito com a descrição que os estudiosos fazem do populismo. Aparentemente neutro e objetivo no que diz respeito à análise, o conceito não demorou a ser atacado por especialistas preocupados com a maneira pela qual eram ignoradas diferenças vitais entre os regimes quanto à ideologia e ao sistema de crenças. Eles também expressaram sua preocupação de que o conceito de totalitarismo se tornasse uma arma nas mãos de ideólogos, uma "palavra que provocasse temor", como disse Frederic Fleron, para descrever "regimes de terror".

Tais objeções foram bastante confirmadas na prática. Para pegarmos um exemplo notável, Jeane Kirkpatrick, consultora de política externa de Ronald Reagan, argumentou que "totalitário" deveria ser usado contra qualquer regime que estivesse no caminho dos interesses dos EUA: bons regimes seriam chamados "autoritários" e os maus "totalitários". Ela entendeu o poder das palavras. Aplique o termo "totalitário" a um país e a opinião pública poderá ser mais facilmente convencida de que os EUA deveriam isolá-lo e procurar mudar o regime: "Ora, eles são iguais àqueles comunistas e nazistas". Muitas preocupações levantadas nas décadas de 1960 e 1970 sobre totalitarismo fazem eco às preocupações atuais sobre o conceito de populismo: "Iglesias? Ele é tão ruim quanto aqueles outros extremistas na Europa. Melhor fazer o que for possível para garantir que ele não ganhe".

Há suspeita de que, por trás da fachada acadêmica, o conceito de populismo esteja fazendo um trabalho valioso para as elites, deslocando o olhar das causas subjacentes ao surgimento de partidos e movimentos *outsiders* para um ponto seguro onde as elites aparecem como vítimas de forças irracionais, quando não antidemocráticas. Ele neutraliza a crítica de *outsiders* e radicais, amarrando-os a partidos e movimentos que podem perfeitamente ser irracionais e antidemocráticos. O populismo, em suma, se tornou uma ferramenta poderosa na guerra ideológica de palavras entre aqueles que defendem o *status quo* e os que buscam mudança.

Conclusão

Podemos ser perdoados por pensar que não vale a pena o incômodo de procurar esclarecer o que o populismo significa e como podemos usá-lo. Em vista dos problemas do conceito, é uma preocupação compreensível. O conceito, porém, não vai desaparecer devido às críticas que lhe foram imputadas. Não é assim que funcionam os conceitos no discurso político. O populismo é um termo que muitos, tanto em círculos acadêmicos quanto na mídia, consideram útil.

Com isso em mente, reuni os vários elementos que os comentaristas usam para desenvolver uma compreensão do populismo, sempre com um olho atento a como o conceito funciona, para que fins e para que propósitos. Isso não quer dizer que não haja variações importantes entre o modo como aqueles que o usam definem e empregam o conceito. Como observei no início, há diferenças importantes, inclusive quando se trata de avaliar até que ponto o populismo é uma ameaça à democracia. Mas em geral as características reunidas aqui captam de forma ampla como o conceito de populismo é usado por acadêmicos e comentaristas políticos.

Também procurei dar uma ideia de por que razão nem todos que acompanham as análises contemporâneas estão satisfeitos com o termo. Há críticas importantes sobre como o populismo tem sido definido e sua efetiva utilidade para a análise política. Precisamos ter isso em mente quando começamos a pensar sobre a natureza do contágio populista que muitos acreditam ter engolfado as sociedades democráticas. No capítulo seguinte, vou me concentrar neste cenário contemporâneo e perguntar se, e em que medida, o que estamos vendo é coerente com o relato populista da crise democrática ou se pode haver algum outro enfoque mais útil para o que está acontecendo. Em suma: por que o populismo e por que agora?

3
Por Que Agora? Explicando a Insurreição Populista

Até bem recentemente, o populismo parecia um tema meio obscuro. O debate sobre o que constituía o populismo e por que ele apareceu em determinados lugares e em determinados momentos foi confinado a uma subdivisão da ciência política: "estudos do populismo". Como vimos no capítulo anterior, uma característica dessa subdivisão é a filtragem e a avaliação de casos históricos, muitas vezes de natureza um tanto esotérica, na busca por conexões entre movimentos e causas que poderiam, em outras situações, ter pouco em comum.

Isso mudou em 2016. Com o referendo Brexit e a eleição de Donald Trump, o populismo se tornou um tema de grande interesse público. O mundo queria saber sobre o populismo; queria saber, em particular, por que parecia haver tal surto de movimentos e *outsiders* naquele momento específico. O que levou ao crescimento de figuras e partidos *outsiders* empenhados em minar ou desafiar o *status quo*? Por que milhões de cidadãos em sociedades pacíficas, relativamente estáveis e afluentes viravam as costas para partidos políticos tradicionais e os princípios políticos da elite? Antes de passarmos a diferentes explicações dos acontecimentos mais recentes talvez devêssemos nos lembrar de que colocar a questão nesses termos ("por que o repentino surto de populismo?") não deixa ver com clareza que uma política radical, e em particular de extrema direita, tem estado em ascendência nas últimas duas décadas em muitas democracias avançadas. Quando olhamos para a Europa, vemos que partidos como o Agrupamento Nacional, o UKIP [Partido da Independência do Reino Unido], o *Lega Nord* [Liga Norte] (agora *Lega*) e o Partido da Liberdade da Áustria têm exibido um progresso contínuo desde o início dos anos 1990. Figuras como Geert Wilders, Viktor Orbán e Nigel Farge têm se destacado desde essa época, senão há mais tempo. O fato de o interesse pelo populismo e pela política radical atingir seu pico em 2016 não deve obscurecer a constatação de que essas formas e esses estilos de política vêm há décadas se manifestando. O ano 2016 representa no mínimo uma maioridade, um amadurecimento de correntes e tendências, em vez de imprevista ou dramática floração. A julgar, no entanto, pelo número de livros, tamanho de colunas, debates de televisão e conferências dedicadas ao populismo, não há dúvida de que o *interesse* pelo populismo explodiu em 2016.

Neste capítulo, daremos uma olhada nas duas teorias principais por trás do surto de partidos e movimentos populistas. A primeira costuma ser chamada *teoria do descontentamento econômico* e se concentra no impacto da recessão e da austeridade. A segunda é a teoria do *descontentamento cultural*, que se concentra em questões da ameaça à identidade e à inserção social colocada pela migração. A maioria dos relatos de populismo, tanto na literatura acadêmica quanto na mídia, se concentra nessas teorias. Também precisamos pensar, no entanto, em mudanças sociológicas de mais longo alcance, que nem sempre aparecem nos relatos de por que o populismo ficou tão implantado em nossos sistemas políticos. Precisamos dar uma olhada nos temas da "pós-democracia", da decadência política, da individualização, do colapso da autoridade e do impacto da tecnologia digital para entender o apelo da política recém-chegada. Essa visão de longo alcance nos ajudará a ver que as causas do atual momento populista estão mais para trás que as ondas recentes de imigração ou a crise financeira global de 2008. Elas também têm origem em mudanças sociológicas da sociedade* que estão nos fazendo questionar certas facetas da governança democrática e nos levando a indagar como as democracias estão organizadas e em benefício de quem. Vou chamar isso de abordagem do *descontentamento democrático* para criar alguma simetria com as outras narrativas que vamos considerar.

Populismo e descontentamento econômico

Se estamos procurando a razão principal que fez o populismo irromper pelo mundo democrático, e sem dúvida por muitos países menos desenvolvidos, precisamos, segundo muitos comentaristas, pensar no impacto da crise financeira global de 2008, que provo-

---
* No original: *sociological changes to society*. (N. do T.)

cou recessão e a resposta de muitos governos: a austeridade. Entre os comentaristas desse campo se incluem aqueles que adotam uma abordagem de economia política, como Mark Blyth (que tem algumas excelentes apresentações no YouTube sobre o tema), Colin Hay e Andrew Gamble. Também é esse o cenário básico para jornalistas da imprensa financeira, que tendem a situar grandes mudanças na vida política em termos de mudanças na economia. Como foi a história?

Para recordar os eventos principais, até 2006 a economia global desfrutou de um período significativo de crescimento que sustentou uma grande expansão dos empregos, dos preços da habitação e das finanças públicas. Isso levou ao desenvolvimento de grandes projetos de infraestrutura, à expansão dos serviços públicos e a um sentimento mais generalizado de bem-estar econômico que respaldou o sucesso eleitoral de políticos moderados de centro-esquerda e centro-direita, como Tony Blair, Bill Clinton, Gerhard Schröder e Nicolas Sarkozy, ao longo dos anos 1990 e início dos anos 2000. Isso não quer dizer que essas pessoas escaparam de críticas de uma ponta ou de outra do espectro político. Para a esquerda, foi um período de continuação da hegemonia das políticas baseadas no mercado, ou neoliberais, que foram o legado da geração anterior de políticos, mais notadamente Margaret Thatcher e Ronald Reagan. Para a direita, as preocupações eram as fronteiras abertas e a disseminação de um mantra multicultural de que o Estado-nação estava morto e que tínhamos de aceitar o livre fluxo dos povos.

Uma das características do período foi a firme desregulamentação dos bancos para promover, assim se argumentava, o aumento de liquidez necessário para sustentar o investimento. Isso foi feito em nome da manutenção das condições do *boom* da primeira década do século XXI. Enormes somas foram investidas em todo tipo de "veículos" e "derivativos", como as hipotecas subprime na América Latina. Muitos bancos ficaram comprometidos demais. O que deviam a outros superava em muito os ativos que poderiam atrair se fossem chamados a quitar suas dívidas. A desregulamentação, em suma, levou a uma bolha financeira de proporções sem precedentes.

Como agora se tornou parte do folclore popular e tema de filmes como *Trabalho Interno* [*Inside Job*, 2010] e *A Grande Aposta* [*The Big Short*, 2015], a bolha estourou em 2008. O governo islandês, que havia investido somas espetaculares de dinheiro na promessa de gigantescos retornos, entrou em *default*. Ficou claro que a questão não estava confinada a um conjunto relativamente pequeno de empréstimos garantidos pelo governo. A maioria dos grandes bancos havia se excedido seriamente. A estrutura cambaleou até que o Lehman Brothers faliu, levando a um colapso das instituições financeiras dos dois lados do Atlântico.

Diante da perspectiva de uma ruína total do setor bancário e da eliminação das poupanças de muitos milhões de cidadãos, os governos ficaram sem outra opção a não ser intervir para cobrir as dívidas dos principais bancos e proporcionar liquidez suficiente, à custa do tesouro público, para manter em atividade o setor bancário. Essas medidas conseguiram estabilizar a situação, mas com grande custo para as finanças públicas. O dinheiro que teria sido gasto em serviços públicos, projetos de infraestrutura e investimento em novas empresas e negócios foi desviado para amparar os bancos.

O efeito imediato foi uma queda acentuada na economia maior, produzindo uma recessão em todo o mundo ocidental. Fábricas fecharam. Pedidos de novos produtos cessaram. Investimento em máquinas e equipamentos praticamente secaram. O desemprego aumentou, e foi um aumento espetacular em países fortemente dependentes do investimento público, como Espanha e Itália.

Diante de um colapso nas finanças públicas, recessão e uma redução na receita fiscal, os governos adotaram medidas extremas para reduzir os gastos. Isso se traduziu em congelamentos dos salários do setor público, reduções nas aposentadorias dos servidores e cortes nos orçamentos da saúde, da educação e da habitação.

Um vento cruel varreu as sociedades tocadas pela crise financeira, deixando poucos ilesos. Os banqueiros, não é preciso dizer, se saíram bem.

Como era de se esperar, os cidadãos expressaram seu descontentamento nas ruas e nas urnas. Na Islândia, onde o desastre começou, os cidadãos tomaram as ruas no que ficou conhecido como a "Revolução das Panelas e Frigideiras". Depois de protestos no Parlamento Nacional, os cidadãos demitiram seu próprio governo, acusando uma série de ministros de fraude financeira e peculato. Abriram então um processo constituinte para "*reboot*", "reiniciar" o sistema político com salvaguardas adicionais para promover transparência financeira e conduta ética. Na Espanha, milhões de cidadãos tomaram os centros e a praças das cidades num protesto coordenado que ficou conhecido como #15M, indicando o dia da manifestação (15 de maio de 2011), que marcou o início dos protestos. *Los Indignados* prometeram manter a ocupação das ruas até que toda a classe política renunciasse.

Esse espetáculo de cidadãos assumindo o controle de suas cidades e sem dúvida de seus sistemas políticos talvez tenha inspirado a resposta mais conhecida à crise, o movimento de protestos contra a desigualdade econômica conhecido como *Occupy Wall Street*. A *Occupy* se alastrou como incêndio, primeiro por toda a América do Norte, depois pelo resto do mundo. Seu lema, "Somos os 99%", expressava em termos diretos a repulsa do povo ante a polaridade emergente entre uma elite minúscula, que havia se enriquecido no tempo das vacas magras assim como no tempo das vacas gordas, e cidadãos comuns deixados sem poupanças ou perspectivas.

Isso é apenas um instantâneo do clima nos meses e anos que se seguiram à crise financeira. Ela deixou um legado amargo sobre a percepção pública da competência e da probidade dos que tinham o comando, as elites. Os cidadãos se mostraram indiferentes ao fato de as elites serem de centro-esquerda ou centro-direita, de usarem uma gravata vermelha ou azul. Na esteira da recessão e da austeridade incapacitantes, distinções sutis entre os políticos da ordem vigente desbotavam sob uma abrangente impressão de incompetência e falta de humanidade, evidentes no fracasso do fornecimento de serviços básicos de bem-estar. Não causa surpresa que os cidadãos começassem a se cansar dos principais partidos e políticos, em particular de partidos de centro-esquerda ou social-democratas, que em geral se costuma esperar que defendam tais serviços em vez de impor rigor.

A punição foi rápida. O primeiro-ministro do Reino Unido, Gordon Brown, que meses antes da crise financeira global havia falado sobre a "era dourada" das finanças em um jantar para banqueiros e financistas, foi destituído do cargo sem nenhuma cerimônia em 2010. O presidente da França, Nicolas Sarkozy, definhou em um clima de incompetência até 2012, quando foi substituído pelo igualmente incompetente François Hollande, que passaria a receber os mais baixos índices de aprovação de um presidente francês, sobrevivendo apenas por terem compreendido que ele não voltaria a se candidatar. Partidos social-democratas na Alemanha, na Espanha e na Itália enfrentaram problemas semelhantes. Como confirmam os resultados recentes de uma eleição, continuam enfrentando.

A história se repetiu nas democracias avançadas. A política dominante definhava sob o violento ataque da desaprovação e do descontentamento dos cidadãos. Novos partidos e novos personagens, surgidos do nada ou vindo de fora da corrente principal da política, começavam a ganhar força entre o eleitorado. Jeremy Corbyn, um *outsider* de carteirinha, bem conhecido por suas opiniões de extrema esquerda e sua propensão a se rebelar contra seu próprio partido no Parlamento foi — para espanto dos comentadores políticos e até mesmo de seus apoiadores — eleito líder do Partido Trabalhista do Reino Unido em 2015. De modo ainda mais improvável, sua eleição levou a uma entrada maciça de novos membros, a ponto de o partido se transformar no maior partido político da Europa ocidental, em número de filiados. Longe de afundar na eleição geral de 2017, Corbyn trabalhou bastante próximo de Theresa May, a primeira-ministra em exercício, para alimentar esperanças de que o RU logo entraria no primeiro governo socialista radical de sua história. O segredo? Uma promessa clara de abolir a austeridade.

A ascensão de Corbyn ocorreu contra o pano de fundo da campanha do referendo Brexit no segundo semestre de 2015. Como podemos conciliar a ascensão de um político de extrema esquerda com um voto amplamente interpretado como uma revolta contra a imigração e a liberdade de movimento?

É uma boa pergunta e destaca a especificidade do momento do populismo. Corbyn não é fã da União Europeia. Embora seu partido tenha feito campanha pelo Permanecer, ele esteve bastante

---

JEREMY CORBYN

Jeremy Corbyn é um antigo membro do Parlamento e atual líder do Partido Trabalhista Britânico. É bem conhecido por seus pontos de vista políticos de extrema esquerda, incluindo o apoio à causa dos republicanos irlandeses, aos palestinos e aos regimes de Hugo Chávez na Venezuela e Fidel Castro em Cuba. Foi um espinho assíduo no pé dos governos trabalhistas de Tony Blair, votando mais de 400 vezes contra seu próprio partido quando eles estavam no governo. Com a renúncia de Ed Miliband como líder da legenda após a eleição geral de 2015, ele foi persuadido a se candidatar à liderança para dar aos membros do partido a possibilidade de escolher um candidato de esquerda. De modo inesperado, derrotou com facilidade os três candidatos do *mainstream*. Quando seus colegas trabalhistas no Parlamento pediram um voto de desconfiança nele em 2016, Corbyn também não teve dificuldade em derrotar esse voto. Os trabalhistas aumentaram sua parcela de votos na eleição geral de 2017, garantindo que Corbyn pudesse consolidar sua posição durante o período vital das negociações do Brexit.

ausente da campanha do referendo, o que irritou o *establishment* político e seus colegas de partido. Ainda que as questões da imigração e do controle do RU sobre suas fronteiras fossem importantes para alguns que votaram "sair", muitos outros votaram "sair" como um gesto de desaprovação da ordem política e de punição à classe política após anos de austeridade. Nesse sentido, o voto pelo Brexit não foi contraditório. E, na eleição geral de 2017, muitos desses mesmos votantes apoiaram Corbyn como uma figura de "mudança", que prometia um novo começo.

No final de 2016, Trump saiu vitorioso na eleição presidencial americana contra a candidata do sistema, Hillary Clinton. Mas isso poderia facilmente ter se transformado em uma disputa entre dois *outsiders* se Sanders tivesse ganho a indicação democrata. Sem dúvida Trump foi capaz de tirar proveito do descontentamento do povo com as elites com sua promessa de "Fazer a América voltar a ser Grande". Ela soava como um compromisso para restaurar a supremacia militar dos Estados Unidos, mas na mente do eleitorado também apontava com muita firmeza para a promessa de restaurar a supremacia econômica contra a concorrência da China e do leste da Ásia. O compromisso de restaurar os empregos perdidos para o exterior, aumentar as tarifas das importações em nome da proteção da indústria americana, reduzir os impostos das empresas para promover o crescimento econômico e, de modo mais genérico, para dar esperança às áreas dos Estados Unidos fortemente afetadas pela recessão foi um fator muito importante na vitória de Trump. O fato de ele ter ganho nos estados oscilantes do Meio Oeste e na América do "Cinturão da Ferrugem", que inclui Pensilvânia, Wisconsin e Michigan, foi fundamental.

Mesmo nesse breve apanhado, é difícil não ficar impressionado pela correlação entre crise econômica e austeridade, de um lado, e, do outro, pela recente ascensão de figuras e movimentos vindos de fora do sistema. A crise financeira global certamente parece ter sido um fator significativo para gerar o descontentamento dos cidadãos com a ordem estabelecida, preparando o caminho para a ascensão de *outsiders* que prometiam uma ruptura com o *establishment* político, agora humilhado, e seus programas fracassados de globalização e financeirização neoliberais que levaram à recessão e à austeridade. A tão falada "Terceira Via" entre socialismo e capitalismo, que por duas décadas foi o modelo socioeconômico dominante que sustentava os eixos de centro-direita e centro-esquerda, cambaleou, deixando o caminho aberto para figuras mais radicais, que prometiam uma ruptura, real ou imaginária, com esse modelo. Nessa análise focada em economia, não temos a maioria, senão todos os componentes de que precisamos para explicar o recente aumento do populismo?

Populismo e descontentamento cultural

Poucos negariam que fatores econômicos desempenham um papel na compreensão do surgimento de movimentos populistas e de pessoas como Trump. Tempos difíceis, recessão e austeridade compõem uma fórmula que poderia ter sido encomendada para estimular o descontentamento com o *status quo*. Contudo, privilegiar fatores econômicos nos deixa sem saber como explicar outras partes da história do populismo.

O resultado da votação do Brexit ilustra algumas das limitações do caso de descontentamento econômico. Aqueles que defendiam o voto para a permanência na União Europeia, entre os quais se incluíam veteranos dos dois maiores partidos, tomavam por base que a saída da UE seria prejudicial para as perspectivas econômicas do Reino Unido. Isso era respaldado por vários relatórios detalhados que mostravam o impacto na economia britânica de um voto em "sair". A campanha pelo "permanecer", apelidada de "Projeto Medo" por Boris Johnson, entre outros, foi projetada para convencer os eleitores de que eles deveriam votar com suas cabeças e carteiras, não com seus corações e suas Union Jacks*. Mas 52% dos que votaram ficaram indiferentes a esses argumentos, votando pela saída e pelo corte de elos nitidamente vitais com o continente.

Deixando de lado o Brexit, temos também de descobrir por que um número cada vez maior de pessoas em países ricos como Holanda, França, Áustria e Alemanha tem virado as costas para o *mainstream* e adotado personagens e partidos populistas autoritários como seus representantes. Se a história econômica fosse tão influente, não é certo que os cidadãos continuariam apoiando os partidos de centro-esquerda e de centro-direita, que têm proporcionado estabilidade econômica de longo prazo, generosa oferta de bem-estar e excelentes perspectivas para os jovens? Podemos também mencionar a situação nos EUA. Se a crise financeira global fosse uma operadora tão estimulante do sentimento político, por que esses sentimentos demoraram tanto tempo para se mani-

---

* Bandeiras do Reino Unido. (N. do. T.)

festar em eleições presidenciais? Tudo começou em 2008, ano em que Barack Obama foi eleito presidente. Se o eleitorado estivesse ávido para punir a incompetência das elites, ele teria sido reeleito em 2012? Mesmo a eleição de 2016 foi inegavelmente apertada. Hillary Clinton, em certo nível uma figura decididamente do *establishment*, foi batida pelos caprichos do sistema de colégio eleitoral; ela ganhou o voto popular. Se há uma correlação entre desempenho econômico e resultados políticos, é difícil que ele seja linear e evidente por si mesmo. Tem de haver outros fatores para explicar o que está acontecendo.

Uma narrativa convincente que desafia a tese do descontentamento econômico é fornecida pelo jornalista e escritor David Goodhart. Em seu trabalho provocador e muito discutido *The Road to Somewhere* [A Estrada para Algum Lugar], ele afirma que as populações nas democracias avançadas se dividiram entre *"Anywheres"* e *"Somewheres"*, "os de Qualquer Lugar" e "os de Algum Lugar". Os de Qualquer Lugar são os que desfrutam e se beneficiam das fronteiras relativamente abertas resultantes do aumento da globalização e da cooperação entre as economias avançadas. Têm uma visão cosmopolita e não se veem enraizados em um determinado local ou determinado país. Na realidade se veem como cidadãos do mundo, desfrutando diferentes culinárias, diferentes culturas e a possibilidade de se deslocarem ao redor do globo à medida que surgem as oportunidades. Goodhart afirma que os de Qualquer Lugar tendem a presumir que todos pensam como eles. Grande parte da mídia, da academia, dos homens de letras e dos altos escalões das classes políticas e econômicas são de Qualquer Lugar. Dominam as ondas do rádio e da TV, as colunas de jornais, as salas de aula e os institutos de política. Acham que a globalização equivale ao progresso, que todos ganham alguma coisa com fronteiras abertas e que, seja lá como for, como isso não pode ser revertido, podemos perfeitamente "avançar com a corrente". No entanto a realidade, diz Goodhart, é bem diferente.

A maioria das pessoas é de Algum Lugar, não de Qualquer Lugar. Os de Algum Lugar costumam viver e trabalhar no mesmo local durante a maior parte de suas vidas. Goodhart informa que 60% da população do Reino Unido vai morrer num raio de 40 quilômetros do local de nascimento, o que dá grande destaque ao seu argumento. Os de Algum Lugar viajam, mas em geral para férias ou trabalho, retornando às suas comunidades após breves estadas em outros lugares. O mundo deles é moldado pelas pessoas com quem foram criados e pelas pessoas com quem trabalham. Pessoas que se parecem com eles e pensam como eles; pessoas com hábitos, valores e crenças similares. Eles estão contentes com o que é familiar e não anseiam por experiências de mudança de vida, como se mudarem para outro continente. Gostam do mundo como ele costumava ser, não exatamente do mundo que está sendo criado pela pressão da migração, da globalização e do transnacionalismo. Enquanto os de Qualquer Lugar veem o influxo de migrantes como bem-vinda diversificação da sociedade, os de Algum Lugar o veem como ameaça a um modo de vida. A sensibilidade dos de Algum Lugar habita afetuosamente em um passado que era mais simples, mais fácil de entender, mais previsível e povoado de pessoas como eles.

Nessa leitura, Brexit e Trump representam a revolta dos de Algum Lugar; o que é, aliás, chamado de "nativismo". Quando perguntaram a cidadãos britânicos se eles valorizavam mais o bem-estar econômico que a manutenção de uma certa identidade cultural, a maioria votou a favor da segunda opção. Não foi uma reação instintiva. Não foi um impulso irracional estimulado pelas falsas promessas da campanha do "sair". Foi um desejo, apropriado ou não apropriado, de conservar uma certa ideia do que significa ser britânico. Os de Qualquer Lugar presumem que, quando a verdade sobre o destino que espera a economia britânica ficar plenamente evidente, os cidadãos vão virar as costas para o Brexit e adotar o internacionalismo pragmático do lado "permanecer". Mas é provável que suas expectativas sejam frustradas. De acordo com o British Attitudes Survey, as razões primárias que fizeram muitos votantes escolherem "sair" foram controlar a imigração, restaurar a identidade britânica e repatriar os poderes perdidos para a UE, fazendo-os voltar para o Parlamento. Os fatores econômicos eram secundários; e às vezes nem mesmo isso.

Nos EUA, Trump assumiu uma abordagem que colocava os interesses americanos na frente e no centro, contra o liberalismo de mãos apertadas de Obama e Clinton. Isso agradaria aos muitos de Algum Lugar que, nas zonas centrais dos Estados Unidos, sentiam que tinham sido ignorados. Livros como *Era uma Vez um Sonho*, de J. D. Vance, exploram bem essa dinâmica. Há uma enorme região interiorana nos EUA que se sente ignorada pela política. Políticos voam entre a costa leste e a costa oeste, raramente se detendo para conversar com as pessoas que, no "coração da América", levam vidas muito distantes da exuberância e do glamor de Los Angeles ou Nova York, como apresentados na mídia popular. Trump compreendeu muito bem esse sentimento e foi por isso que virou as costas aos de Qualquer Lugar em seu próprio partido, colocando-se a favor de uma agenda francamente nativista de trazer empregos de volta aos Estados Unidos, aumentar a pressão sobre a China por meio da elevação de tarifas e rasgar acordos internacionais que tinham exigido anos de cuidadosa negociação. Essa fogueira do internacionalismo foi uma vingança dos muitos de Algum Lugar que encontraram em Trump alguém que poderia articular suas frustrações e sua raiva por décadas de negligência.

A tese do poder da identidade cultural e do desejo de preservar a integridade da nação também é útil para entender o apelo de movimentos e partidos no continente europeu. Le Pen e o Agrupamento Nacional enrolam-se na bandeira francesa enquanto cultivam os temores de uma onda crescente de demandas islâmicas num país famoso pela insistência em ideais igualitários e republicanos. O afluxo de refugiados e migrantes da África do Norte e do Oriente Médio para Itália, Hungria, Áustria e Alemanha explica, em grande medida, o sério recuo sofrido pelos partidos tradicionais nesses países e o surgimento de partidos de extrema direita que prometem repelir as hordas e restaurar o orgulho na nação e na cultura. Na leitura de Goodhart, a ascensão da extrema direita só poderia ser uma surpresa para aqueles que têm a perspectiva, a sensibilidade e os meios financeiros de surfar as oportunidades apresentadas pela globalização. Para grandes faixas das populações de democracias avançadas, as oportunidades quase não existem. E mesmo que existissem, muitos dariam as costas para elas.

E quanto ao descontentamento cultural? Será que ele fornece uma narrativa mais convincente que aquelas que se concentram em fatores econômicos? Pensando na tese de Goodhart, uma série de questões precisa ser levada em consideração. A possibilidade de sociedades complexas, como o Reino Unido e os EUA, poderem ser claramente divididas em dois campos, mesmo que como mera ilustração, é pelo menos discutível. Seu argumento funciona bem em vista da natureza binária do referendo Brexit e da eleição presidencial americana, não porque realmente existam dois campos divididos de forma clara. No entanto, isso tem uma simetria útil: os de Algum Lugar votaram "sair" e votaram Trump; os de Qualquer Lugar votaram "permanecer" e Hillary. É um belo e nítido conjunto de distinções, mas isso não o torna correto.

O voto no Brexit foi muito mais complicado do que essas divisões sugerem. As principais clivagens no eleitorado também incluíam idade; os eleitores mais velhos eram muito mais propensos a votar "sair" do que aqueles com menos de 24 anos, 72% dos quais votaram a favor de "permanecer". Eleitores na Escócia e na Irlanda do Norte escolheram "permanecer", apesar de essas regiões sem dúvida terem tantos de Algum Lugar quanto o restante do Reino Unido. Depois temos a vertente ideológica. Muitos partidários esquerdistas de Corbyn, que poderiam se ver como cosmopolitas de Qualquer Lugar, compartilharam o ceticismo do líder sobre as credenciais democráticas da União Europeia e votaram "Lexit" [como esquerda (*left*) do Brexit — Left Br*exit*]. À direita, defensores do liberalismo econômico como Ken Clarke, ministro no governo de Margaret Thatcher e alguém comprometido com a noção de que o livre comércio requer fronteiras abertas ou, pelo menos, porosas, ignoraram a sensibilidade dominante dos de Algum Lugar de sua filiação partidária para votar "permanecer".

Os exemplos continuam. Classe social foi um indicador mais fraco que a idade. A classe média se dividiu igualmente entre "permanecer" e "sair", enquanto cerca de 64% dos trabalhadores manuais especializados, assim como os trabalhadores comuns e os não trabalhadores votaram pela saída da União Europeia. Considerando que a essência da campanha do "permanecer" era a antecipação do impacto da saída sobre a economia britânica, é claro que o tiro saiu pela culatra e muitos daqueles que presumivelmente ficariam mais pobres se mostraram indiferentes. Questões em torno da imigração e do medo da perda de identidade parecem ter sido mais reveladoras que considerações econômicas, até mesmo quando parcelas menos abastadas do eleitorado estavam envolvidas. Isso parece ter acontecido em toda a Europa continental. A ascensão da extrema direita é alimentada pela insegurança econômica, mas os fatores econômicos não explicam, por si mesmos, por que os cidadãos votam em Wilders, Le Pen, Orbán e Salvini. O influxo de refugiados percebido como ameaça, a migração em massa e a islamização da Europa parecem ser os operadores mais importantes.

A ascensão do populismo não deve, no entanto, ser igualada à ascensão de movimentos e partidos de extrema direita, um erro cometido com frequência por comentários de mídia à procura de um ângulo dramático sobre os eventos contemporâneos. É fácil ignorar o fato de que a insurreição populista dos últimos anos também inclui o surgimento de populismos de esquerda, melhor representados pelo aparecimento do *Podemos* na Espanha e do *Syriza* na Grécia. O M5S, um grande vencedor nas eleições gerais italianas de 2018, possivelmente tem mais em comum com a esquerda que com a direita, embora seu persistente euroceticismo signifique com frequência uma coalizão com movimentos e partidos de direita. Como ficam as coisas quando adicionamos à mistura uma atenção ao populismo de esquerda? *Podemos* e *Syriza* ganharam originalmente força entre seus eleitores devido ás dificuldades econômicas causadas pela recessão e pela adoção de medidas rigorosas para conter os gastos públicos. O *Podemos* se alia, de forma consciente, aos movimentos e às organizações sociais que se identificam com a #15M, que surgiu do descontentamento dos cidadãos com o manejo da crise econômica, não de algum descontentamento com o multiculturalismo ou políticas de imigração. Pelo contrário, as forças que se identificam com a #15M realizaram repetidas demonstrações e ações em favor de fronteiras abertas e ajuda aos refugiados, considerando inadequadas as ações do governo espanhol de centro-direita para aliviar a situação desesperadora das populações na África do Norte e no Oriente Médio.

O *Syriza* chegou ao poder na Grécia após um colapso da confiança na forma como o governo tratou a crise da dívida, que em 2015, durante várias semanas e vários meses, ameaçou levar ao "Grexit". A Grécia, no entanto, vem testemunhando um aumento do ressentimento contra refugiados e migrantes que fogem de conflitos, o que tem trazido apoio ao partido de extrema direita *Golden Dawn* (Aurora Dourada), não ao *Syriza*, que permanece firmemente internacionalista e com uma perspectiva europeia.

O populismo de esquerda acrescenta outro toque diferente. Fatores culturais, definidos em termos de identidade, nativismo e nacionalidade, desempenham um papel relativamente modesto, se não forem de fato irrelevantes para o contexto. Na realidade, o apoio aos partidos populistas de esquerda resulta, em grande parte, de fatores econômicos imediatos, em particular do aumento dramático do desemprego, do colapso das poupanças e pensões, dos congelamentos de salários no setor público e de uma falta de confiança na competência das elites para gerenciar questões macroeconômicas.

SYRIZA

Criado em 2012, o *Syriza* é um partido político grego, liderado por Alexis Tsipras, que começou como uma coalizão de partidos políticos da esquerda e da extrema esquerda do espectro político grego. Chegou ao poder nas eleições de 2014. O mandato do *Syriza* se notabilizou pela batalha quase constante para evitar a falência do país por meio da renegociação de empréstimos com a "Troika" - o Fundo Monetário Internacional (FMI), a Comissão Europeia e o Banco Central Europeu (BCE). Yanis Varoufakis, que serviu como ministro das finanças em 2015, argumentou que a Grécia devia procurar renegociar esses empréstimos dentro de um quadro mais realista, o que permitiria a reconstituição da economia grega sobre uma base sustentável. Essa proposta, que implicava um confronto com ministros da economia na União Europeia, foi colocada para o povo grego em um referendo. Apesar do voto "sim", Tsipras sentiu que a Grécia tinha de seguir a linha da UE, o que levou à renúncia de Varoufakis. Varoufakis decidiu então criar seu próprio movimento (DiEM25 - Movimento para a Democracia na Europa 2025), cujo principal objetivo é democratizar as instituições europeias e aumentar sua transparência e sua confiabilidade, abrindo, ao mesmo tempo, seus processos de tomada de decisão a uma maior participação dos cidadãos e seus representantes em uma Assembleia Constituinte.

Descontentamento econômico *versus* descontentamento cultural

A crise financeira global de 2008 é certamente um fator no recente aumento do apoio aos populismos tanto de direita quanto de esquerda. À direita, a crise econômica promove a geração de uma narrativa em que as elites podem ser censuradas por encorajar a terceirização e a transferência de empregos para países com custos de mão de obra mais baixos e, simultaneamente, incentivar o fluxo de migrantes para empregos de baixa remuneração. A crise mostra a natureza unilateral da globalização: ela enriquece os donos do capital à custa dos empregos daqueles deixados para trás, em particular em antigos rincões industriais e manufatureiros, como no "Cinturão da Ferrugem" nos Estados Unidos, no norte da Inglaterra, no nordeste da França e na parte oriental da Alemanha. À esquerda, a crise mostra os perigos da financeirização e a dependência das economias mais pobres quando elas estão atadas a países mais ricos, como na zona do euro.

Os populismos de direita traduzem o ressentimento causado pela crise econômica em "descontentamento cultural" e em uma crítica da ordem internacional. À direita, a crise econômica pavimenta o caminho para movimentos e partidos "nativistas", que prometem um recuo com relação à ordem internacional e a promoção dos interesses nacionais e da identidade nacional: "*Make America Great Again*" [Faça a América Voltar a ser Grande], "*Remettre La France en Ordre*" [Coloque a França em Ordem], "*Britain: Forward Together*" [Grã-Bretanha: Avante, Unidos]. E por aí vai. O problema é que os países se emaranharam com organismos que não priorizam o interesse nacional: organizações supranacionais como a União Europeia, a Parceria Transpacífica (TPP), as Nações Unidas. A lista é longa. O nativismo se alimenta no instinto de cuidarmos de nossos próprios negócios, de não dependermos dos outros, de rejeitarmos a visão de que a cooperação leva sempre aos melhores resultados para a nação. Desenvolver a cooperação com Estados "amigos", que compartilham os mesmos "valores" que nós: sim. Compromissos em complexos tratados internacionais que impõem todo tipo de obrigações e deveres indesejados: não.

Os populismos de esquerda se traduzem em uma crítica ao neoliberalismo e à ideia de que o mercado é sempre o melhor árbitro dos interesses individuais e coletivos. Aqui, o foco imediato está em aliviar o sofrimento dos atingidos mais diretamente pela recessão e pela austeridade: o desempregado, o jovem lutando para encontrar trabalho, famílias que perdem a casa porque não podem pagar a hipoteca, trabalhadores do setor público forçados a aceitar congelamentos salariais e cortes nas aposentadorias. Há um apelo para aumentar o alcance da intervenção do Estado — incluindo a renacionalização de serviços ou setores privatizados em regimes anteriores — e tributar os "superlucros" dos bancos e os ricos que se beneficiaram com a liquidação de serviços públicos. Procura-se, portanto, a restauração do Estado como garantidor do direito à saúde, à moradia e à educação. A esquerda também está associada a uma postura militante com relação a organismos e tratados internacionais, que vê atendendo às necessidades e aos interesses do mercado, não dos cidadãos.

Se pensarmos de forma mais aprofundada no que estimulou o surgimento de líderes e partidos populistas na fase preparatória dos dramáticos acontecimentos de 2016, parece claro que precisamos considerar fatores tanto econômicos quanto culturais. Uma ênfase exagerada no econômico levará a minimizar os elos, nas narrativas de direita, entre a crise econômica e a necessidade de renovar o país. Uma ênfase excessiva na cultura nos levará a subestimar a maneira pela qual a crise econômica produziu as condições para uma crítica do neoliberalismo e da adoção do mercado como ortodoxia pelas elites, tanto de direita quanto de esquerda, nos últimos quarenta anos.

O quebra-cabeças do populismo

Reunimos todas as peças necessárias para resolver o quebra-cabeças da explosão do populismo nas democracias avançadas? Podemos ver que a crise provocou um conjunto específico de respostas. Podemos ver que os cidadãos estão fartos do modo como as elites tentaram responder a essa crise. Mas há um problema adicional: os cidadãos já estavam fartos das elites *muito antes* da crise de 2008, muito antes das ondas recentes de imigrantes e refugiados, muito antes da austeridade. O que aconteceu aqui?

Desde os anos 1960, tem havido um declínio evidente, e muito comentado, do interesse do povo pela política eleitoral e pela representação democrática no *mainstream*. O comparecimento do eleitor às urnas diminuiu em quase todas as democracias avançadas, em particular em âmbitos supranacionais, como nas eleições europeias, e nos âmbitos subnacionais de eleições regionais, locais e municipais. O padrão não é uniforme; nem todo país sofreu um declínio precipitado. Mas muitos passaram por isso. Os cientistas políticos coçam a cabeça há algum tempo tentando descobrir o que está acontecendo. Mas não é só o comparecimento às urnas que causa preocupação.

Em todo o mundo democrático, a filiação partidária está em queda livre. Os partidos políticos são a principal correia de transmissão entre os cidadãos e o sistema de governo, de modo que esse dramático declínio causa grande preocupação aos que se interessam pelas questões da legitimidade democrática. Para tomar o Reino Unido como exemplo, nos anos 1960 cerca de 30% do eleitorado era formado por membros de partidos políticos. Hoje esse número está mais próximo de 2 ou 3%, embora isso tenha sido em parte compensado pelo impacto da liderança de Jeremy Corbyn no Partido Trabalhista, que deu força a um eleitorado que buscava um rompimento claro com políticas de austeridade e rigor. O problema não se encerra aqui. Os dados das pesquisas sugerem que a confiança nos políticos está em declínio há várias décadas, assim como o interesse pela política eleitoral e pelo dia a dia dos trabalhos no Congresso, como medido pelos centímetros das colunas dedicadas a esses assuntos nos jornais e pelas horas gastas em análises de TV.

Em suma, nosso investimento emocional na política democrática está declinando, mesmo que nossa crença de que a democracia é o melhor sistema de governo permaneça, no essencial, robusta. Não estamos mais envolvidos de forma profunda com algum partido político ou alguma ideologia específica e entendemos menos os processos políticos que as gerações anteriores, que acompanhavam em detalhe, com um interesse muito maior, eleições, parlamentos, audiências e programas políticos. Nesse contexto, o aparecimento de figuras radicais, figuras redentoras, movimentos e partidos heterodoxos e, de um modo mais geral, políticas exóticas com críticas às elites existentes dificilmente causaria surpresa.

Tudo isso é anterior à crise financeira global e ao atual "momento" populista: Jean-Marie Le Pen chegou ao segundo turno das eleições presidenciais francesas em 2002; Pim Fortuyn, um dos primeiros líderes europeus anti-islâmicos digno de nota, também fez sua aparição naquele ano. Ralph Nader, Ross Perot e Rand Paul atraíram apoio considerável nas eleições presidenciais americanas antes de a crise chegar. Pauline Hanson, do Partido Uma Nação, da Austrália, ganhou destaque além de seu estado natal, Queensland, em fins dos anos 1990. Partidos e líderes *outsiders* têm marcado há algum tempo a política, sem dúvida desde antes da crise financeira global, chamando atenção para as falhas das elites e para a necessidade de uma política mais atenta às necessidades do povo.

Populismo e "descontentamento democrático"

A preparação do terreno para o surgimento do populismo vem acontecendo há várias décadas. Há muito os cientistas políticos vêm se preocupando com o gosto cada vez menor dos cidadãos pelo voto e, portanto, com a legitimidade declinante da democracia representativa. O que está por trás dessa grande crise da participação e do compromisso democráticos? Por que os cidadãos têm virado cada vez mais as costas para a ordem política, seja recusando se envolverem com o processo eleitoral ou reconhecendo líderes e partidos que se colocam a si próprios como estranhos à vida política? Uma narrativa influente trabalha a questão em termos de uma emergente "pós-democracia". A expressão foi criada pelo cientista político Colin Crouch para expressar o que ele via como um esvaziamento da democracia nas décadas de 1980 e 1990 devido à aceitação, em todo o espectro político, do neoliberalismo. Governos tanto de esquerda quanto de direita puseram em prática o que ficou conhecido como "Nova Gestão Pública", uma forma de governança concentrada na privatização de serviços públicos, na importação de técnicas de gestão do setor privado e na insistência no uso de critérios baseados no mercado para estimar o valor ou a utilidade de bens públicos.

Com esquerda e direita adotando uma ideologia similar, o sentido vital da opção entre os principais partidos políticos começou a definhar, a ponto de os cidadãos não poderem mais detectar uma diferença significativa. A escolha de candidatos no período eleitoral começou a lembrar uma escolha de sabão em pó ou detergente de cozinha: invólucros diferentes para essencialmente o mesmo produto. Isso foi reforçado pelo surgimento do que Richard Katz e Peter Mair denominam "consórcios" no lugar de partidos com valores, crenças e ideologias distintos. Os partidos se tornaram marcas, não o repositório das necessidades, dos interesses e dos ideais de determinadas classes sociais ou determinados segmentos da população. Ficaram desconectados e menos propensos a fornecer uma experiência de compromisso ou envolvimento para seus membros; tornaram-se mais de "elite", dobrando-se às corporações em busca de apoio.

Esse consenso em torno de uma orientação política básica proporcionou estabilidade aos sistemas democráticos. O acordo entre as elites políticas e econômicas se traduz em uma política "como a de sempre", focada na resolução de problemas e na geração de soluções baseadas em uma análise compartilhada. Até aqui, tudo bem. Mas o problema com essa abordagem é tríplice: primeiro, gera um estilo de envolvimento carente de emoção, expectativa, sentimento de que algo importante está em jogo. A semelhança de candidatos e programas leva a uma política sonolenta: "me acorde quando acabar". Em segundo lugar, esse acordo faz com que a contestação real ocorra fora ou além do processo eleitoral tradicional. A política se torna algo associado a movimentos sociais, à rua, a protestos e manifestações. A política está em outra parte, não no Parlamento ou no Congresso. Em terceiro lugar, tudo isso significa que, se uma crise afeta a confiança no paradigma geral, é fácil para os cidadãos concluir que as elites são as culpadas e, portanto, que as soluções para a crise precisam vir de fora ou de além desse grupo.

Nessa visão, a causa da crise que gerou a insurreição populista é o neoliberalismo. A partir dos anos 1980, a adoção por parte das elites em praticamente todas as democracias avançadas de programas voltados para o mercado transformou a política em uma forma de governança tecnocrática, substituindo a disputa dos diferentes pontos de vista, ideologias e visões de mundo que ela parecia ter sido em uma época anterior. Se não chegou a eliminar por completo a política, o neoliberalismo subordinou-a, a ela e à comunidade política, a uma agenda ditada de fora ou além do Estado-nação, deixando a impressão de que a política não importava. Isso foi motivo de comemoração para neoliberais como Margaret Thatcher, autora de uma declaração famosa: "Não existe alternativa".

Sermos informados de que não há nada que possamos fazer, individual ou coletivamente, para alterar um estado de coisas é uma fórmula para nos desligar da política. E esse, para os neoliberais, era o ponto. Por que incentivar a ideia de que os cidadãos podem mudar seus arranjos sociais e econômicos quando estava claro que o mercado detinha as respostas para a questão fundamental de como deveríamos nos organizar? Por que argumentar que a política é importante quando a economia e o mercado é que devem dominar o poleiro? Nessa leitura, não são os cidadãos que são "antipolíticos", mas as elites. Foram as elites que procuraram nos convencer de que o Estado havia se tornado inflado demais, sobrecarregado demais, parecendo um obstáculo para a realização de metas individuais. Quanto menos Estado e política tivéssemos, mais livres estaríamos. Assim nos disseram.

A crise financeira global abalou as próprias bases do paradigma neoliberal, pavimentando o caminho para personagens recém-chegados que salvariam as pessoas da catástrofe econômica. Isso não quer dizer que todos os *outsiders* concordassem sobre o que precisava ser feito para colocar ordem no caos. Como vimos, a direita censurou a globalização, o transnacionalismo e mercados abertos para a miséria. A esquerda contra-atacou, dizendo que o que deveríamos reprovar era a desqualificação do Estado como alicerce da vida pública por meio das privatizações e da supermercantilização. Um retorno à social-democracia, ou a algum tipo de socialismo com base no mercado, era portanto o que se requeria para remediar o desastre econômico. Com o colapso do paradigma neoliberal, esperava-se que fosse restaurado um modo adequadamente democrático de governança.

A decadência e o declínio da classe política

Além de se concentrarem no contexto socioeconômico mais amplo em que a política acontece, nas últimas décadas os cientistas políticos também tentaram entender por que o *status* dos políticos declinou, chegando, ao que parece, a um ponto sem retorno. A confiança nos políticos está em baixa. Estudos recentes mostraram que confiamos menos nos políticos que nas profissões que em geral mais carregam o peso do nosso ceticismo: vendedores de carros usados, advogados e corretores de imóveis.

Parte disso parece ter relação com as alterações da função da mídia ao longo do último meio século. Durante a maior parte do século XX, a função da mídia com relação à política era fazer reportagens sobre questões do Parlamento, assuntos de Estado e os principais dramas que afetavam a nação. A imprensa mantinha uma distância respeitosa da vida privada das figuras públicas, temendo a ira de uma população levada a pensar que aqueles que se encontravam no poder estavam lá para servir ao interesse público e, portanto, mereciam respeito.

Na última metade do século XX, o público desenvolveu um gosto por narrativas de escândalo e corrupção. Não houve escassez de histórias excitantes. No Reino Unido, o caso Profumo, de 1963, foi um momento decisivo. Uma combinação imbatível de espiões, sexo e segredos vendia jornais e estimulava o apetite do povo. Com o surgimento das mídias sociais e da cobertura de notícias 24 horas por dia, 7 dias por semana, a propensão a buscar histórias de um tipo indecoroso cresceu sem controle. As vítimas evidentes dessa agitação midiática eram os políticos. Cada mão tateante, cada item de despesa excessiva, cada aparte indiscreto vira matéria de interesse público.

O efeito líquido dessa fixação constante na vida e infelicidade dos políticos é depreciar qualquer ideia de que tenham alguma vocação especial de guardiães do interesse público. O político passa a ser agora uma figura pública entre tantas outras que atraem nossa atenção. Ingressou na "sociedade das celebridades", com a ressalva de que, na maioria das vezes, é menos divertido, menos envolvente e menos consciente que músicos ou astros do cinema sobre o que esse ingresso significa. Para complicar, eles agora se veem competindo com os últimos pelos corações e mentes do público. Bob Geldof e Bono fazem campanha em benefício de africanos famintos. Brigitte Bardot e Naomi Campbell fazem campanha a favor dos animais. Elton John angaria fundos para instituições de prevenção à aids. Qualquer lacuna que pudesse haver entre políticos e celebridades está agora se estreitando, sendo a eleição de Donald Trump o momento supremo do processo de erosão.

Qual é a importância disso? A credibilidade da democracia se apoia em grande medida na crença de que nossos representantes, os políticos, estão representando *a nós* e não *a si mesmos*. Precisamos sentir que se preocupam com nossas necessidades e nossos interesses, que estão lá pelo bem público, não para ganho pessoal. Mas nos tornamos menos convencidos de que seja assim. Gota a gota, a cobertura da mídia corrói nossa confiança em nossos representantes. Histórias constantes de escândalo, corrupção, favoritismo, nepotismo e condutas voltadas para o interesse pessoal tornam mais fácil pensarmos nos políticos menos em termos *de quem* são e mais em termos *do que* são: "*la casta*", "as elites", "Washington", "os ladrões", "eles".

O declínio da posição de representantes, combinado com nossa propensão para ver os políticos como um grupo indiferenciado de picaretas, abre caminho para uma política construída com base nas qualidades de indivíduos que são como "nós" e não como "eles". Em vez de políticos com o mesmo sorriso de dentes arreganhados e respostas para lá de ensaiadas, a nova conjuntura pede "autenticidade". Políticos *outsiders* como Bernie Sanders e Jeremy Corbyn revelam com clareza essas qualidades de autenticidade. Ambos apoiam causas que os atores da política tradicional acreditam ter sido há muito tempo perdidas. Falam com convicção e acreditam que o mundo pode ser mudado se nos esforçarmos o bastante. Eles se recusam a se submeter à versão de "realidade" de seus partidos. Em suma, são idealistas com princípios que podem oferecer uma visão irrepreensível de planaltos ensolarados.* Mesmo os que não concordam com suas crenças respeitam sua honestidade, sua acessibilidade e o fato de terem mantido mais ou menos as mesmas opiniões durante meio século. Dizem o que pensam, não o que os *apparatchiks*** do partido os mandaram dizer.

---

* "Quero guiar a Grã-Bretanha para os planaltos cheios de sol", disse Andrea Leadsom, uma parlamentar britânica (do Partido Conservador) favorável à saída da Grã-Bretanha da UE. (N. do T.)
** Termo coloquial russo que designa um funcionário em tempo integral do Partido Comunista da União Soviética ou dos governos liderados por esse partido, ou seja, um agente do "aparato" governamental ou partidário que ocupa qual-

> ## MOVIMENTO 5 ESTRELAS
>
> O Movimento 5 Estrelas (M5S) foi criado em 2009 por Beppe Grillo, um comediante, ativista e comentarista frequente da mídia. Grillo é bem conhecido na Itália por sua crítica à classe política e à situação da política da Itália e da União Europeia, que ele caracteriza como corrupta, ineficiente e nepotista. Grillo há muito defende o uso da internet para acabar com os elementos representativos da governança democrática em favor de um mandato direto dos cidadãos. O partido foi criado usando o Meetup, um *site* de rede social, para gerar uma base de apoio, e o M5S ainda se vê como uma entidade política virtual, não tradicional. As cinco estrelas do nome se referem aos cinco elementos principais de seu programa: água pública, desenvolvimento sustentável, direito ao acesso à internet, transporte sustentável e ambientalismo. Grillo nunca se colocou como candidato, mas continua a ser um mentor e figura paterna para o movimento. Em 2016, o M5S obteve sucesso nas eleições municipais, garantindo vitórias em Roma e Turim. Depois de um novo avanço em 2018, quando obteve o maior número de votos na eleição geral, o M5S juntou-se à coalizão de governo com a *Lega*.

Mais além, uma dinâmica similar sustentou as inesperadas vitórias de Ada Colau e Manuela Carmena, que ganharam as eleições municipais de 2015 respectivamente em Barcelona e Madri. Nenhuma das duas é profissional da política. Ambas eram candidatas relutantes que tiveram de ser persuadidas por ativistas a tomarem uma atitude, já que eram quem melhor representava os valores e sentimentos das plataformas esboçadas pelos cidadãos a partir da #15M. Ambas são "políticas antipolíticas" de linguagem

---

quer cargo de responsabilidade burocrática ou política (com exceção dos cargos administrativos superiores). (N. do T.)

clara, antipolíticas no sentido de que se posicionam contra o que a política se tornou na Espanha: profissional demais, baseada no clientelismo, corrupta e indiferente às necessidades e aos interesses dos menos favorecidos. O sucesso do Movimento 5 Estrelas na eleição geral italiana de 2018 também deve muito a esse fenômeno. Criado por Beppe Grillo, um comediante que se diverte captando cenas curiosas das elites, a própria lógica do M5S é "antipolítica". Ele está construído, de forma consciente, como um partido de protesto, um partido para os alienados e desencantados.

Não há mais que um passo entre o autêntico político antipolítico e o populismo, que, como observamos no último capítulo, é visto como algo que gira em torno das características especiais do líder. Por mais que possa parecer improvável, autenticidade e honestidade brotaram, nesse caso, como características especiais. Por quê? Porque estão em violento contraste com a tão trabalhada qualidade dos políticos de alto perfil de hoje.

A ascensão do consumidor cidadão

Os cientistas políticos tendem a se concentrar no lado de oferta da equação política: que políticas os políticos e partidos políticos oferecem para motivar o público. O lado da demanda, as necessidades e perspectivas dos cidadãos, é menos comentado. Os cidadãos costumavam ser participantes entusiastas do processo democrático. Agora somos muito menos assim. O que aconteceu? As narrativas dominantes tocam em dois processos que podem ser facilmente confundidos: "individualização", por um lado, e "individualismo" por outro.

A individualização está ligada à teoria da modernização e à visão de que uma das características da modernidade é a erosão progressiva da identidade grupal e coletiva e sua substituição por identidades autoescolhidas, incertas e híbridas. Isso reflete uma visão de modernidade marcada por uma intensificação da migração, pelo colapso do feudalismo e por novos modos de produção que tornam cada vez mais difícil situar as pessoas em uma classe social. Isso é importante, porque os partidos políticos foram organizados no século XIX para representar determinadas identidades, determinados interesses e ideologias. Os partidos social-democratas foram criados para representar a classe trabalhadora, os partidos conservador e liberal, para representar a classe média, os partidos católicos, para representar os católicos, e assim por diante. Com a erosão progressiva dessas identidades, sentimos menos afinidade com os partidos e organizações cuja lógica é nos defender. Chegamos a pensar em nós mesmos menos em relação às categorias de identidade que nos foram atribuídas (brancos, britânicos, classe trabalhadora etc.) e mais em relação às necessidades, aos interesses e desejos que desenvolvemos como pessoas distintas.

O individualismo, diferentemente, se refere a uma postura moral, ética e, em última análise, política, que favorece as necessidades e os interesses de determinadas pessoas em detrimento dos interesses de classes ou grupos sociais. Na hierarquia de valores políticos fundamentais, favorece a liberdade individual em detrimento da igualdade social. Em termos sociológicos, o individualismo é também associado à visão de que a política, em última instância, diz respeito a escolhas. Liberdade significa ter escolhas e exercê-las como cidadãos ou como consumidores: a política lembra o supermercado. Os partidos políticos desenvolvem marcas que representam tipos particulares de bem social. No momento da eleição, escolhemos a marca com que temos afinidade e que queremos ver vitoriosa.

A tese da individualização foi decisiva ao explicar por que a participação política está mudando de caráter. Como observam os cientistas políticos, podemos estar menos inclinados a participar de partidos políticos, mas isso não significa que desistimos da política. A política significa, agora, envolver-se em campanhas contra a injustiça, fazer blogues, participar de protestos, conectar-se com outras pessoas em função de certas causas ou certos objetivos. Esse tipo de política informal, de rua ou "subterrânea", explodiu nas últimas décadas à medida que se tornou mais fácil para os cidadãos se encontrarem sem que fosse preciso ingressar em um partido político ou em uma organização baseada em subscrições.

O efeito líquido desses desdobramentos é reforçar a imagem da política como algo que ocorre em qualquer parte, sem precisar de intermediários, de políticos ou de representantes. Eles têm alimentado ainda mais a ideia de que a democracia não deveria implicar um mandato para alguém nos representar, mas em uma abertura para nós mesmos agirmos e participarmos, sem necessidade de políticos. Sob esse ponto de vista, a democracia representativa chega a parecer um poder de que se apropriaram os mais abastados. O que devia ser preocupação de todos os cidadãos foi sequestrado por elites, que como resultado exercem um monopólio de fato sobre nossa vida. Foi esse o clima gerado nos protestos do *Occupy* e nos da Islândia e da Espanha. Na Espanha, o lema ¡*Democracia Real Ya!*, que se tornou um motivador dos protestos, resume a questão. "Democracia Real Já" significando democracia do povo e pelo povo, em oposição às elites, uma democracia baseada na participação dos cidadãos e no envolvimento direto no processo político, não uma monopolização do poder por *la casta*, pelos 1%.

Apesar de todo o clamor de novos movimentos sociais e formas emergentes de "ação conectiva", a tese do individualismo nos traz uma perspectiva diferente para compreendermos como os cidadãos se comportam nas democracias avançadas. Começa pela observação de que a maioria dos cidadãos está se tornando cada vez menos politicamente ativa. Muitos não participam de organizações virtuais ou reais. Na verdade, muitos não votam nem se envolvem em qualquer tipo de política. Parecemos estar apáticos e completamente concentrados em nossas vidas cotidianas. Na melhor das hipóteses, nos tornamos "ativistas do clique" ou "negligentivistas", confundindo o momentâneo esforço requerido para registrar nossa desaprovação com o *emoticon* de uma cara zangada com mobilização real. Quando de fato nos envolvemos é menos com vistas a melhorar a sorte do coletivo que visando maximizar benefícios para nós ou nossos animais de estimação: espécies ameaçadas, empregos escravizantes (*sweatshops*) no mundo em desenvolvimento, plástico flutuante nos oceanos. Desenvolvemos uma mentalidade nitidamente consumista quando se trata de política. De modo paradoxal, ela está refletida em nossa insistência anticonsumista de que podemos mudar o mundo por meio das escolhas que fazemos no supermercado, ou melhor, na loja de conveniência com alimentos orgânicos. Isso é alimentado por uma ideologia que põe a escolha no centro de suas teses sobre o que desejamos como cidadãos.

Matthew Flinders, autor de *Defending Politics*, que procura compreender os processos que atuam em nossa rejeição de partidos e políticos tradicionais, detecta isso em sua explicação de onde a democracia está falhando. Argumenta que a mentalidade consumista têm nos levado a desenvolver um conjunto irrealista de expectativas para avaliar o desempenho dos políticos. Queremos mais e melhores serviços públicos, mas também queremos pagar menos impostos. Isso cria um problema clássico de "gerenciamento de expectativas", com o complicador de que não são os políticos que definem as expectativas, mas a mídia, o comentário público e os cidadãos. Projetamos valores e padrões para políticos aos quais nós mesmos jamais seríamos capaz de corresponder. Queixamo-nos, por exemplo, da alta remuneração de nossos representantes, nem sempre admitindo que muitos profissionais não aceitariam salários como os deles.

Temos concebido, em suma, políticas democráticas destinadas ao fracasso, criando expectativas a que só um super-homem, com um histórico imaculado de serviço público, poderia corresponder. Sabemos para onde isso está levando. Um coquetel inebriante de rancores voltados contra "elites" super-remuneradas e de baixo desempenho, ao lado de uma fé indevida em um *outsider* que promete um novo começo ou um retorno a um passado, imaginário, muito melhor.

Nossa limitação de espaço impede uma avaliação dos pontos fortes e das fraquezas das diferentes tentativas de entender a natureza da crise em que a democracia se encontra. Algumas teorias ressoam com força em certos tipos de democracia ou em certas partes do mundo, enquanto outras parecem mais aplicáveis em outros lugares. O que parece, no entanto, menos controvertido é a noção de que a democracia representativa está passando por uma transformação significativa em todo o mundo, o que está levando ao desenvolvimento de demandas sobre democracia que parecem difíceis, senão impossíveis, de atender no atual paradigma baseado em partidos.

Isso não contribui para uma crítica consistente da governança democrática. O fato é que aqueles que estão decepcionados ou irritados com a democracia não estão de acordo com o que precisa acontecer para que ela funcione melhor. Em vez disso, temos um amontoado de demandas contraditórias, refletindo uma variedade de preferências políticas. À direita, há um desejo de "liderança forte", de reafirmação da autoridade, baixos impostos e uma redefinição da cidadania rumo a um tipo específico de identidade nacional. À esquerda, há um desejo de estilos de governança democrática mais inclusivos ou participativos — para promover o engajamento do povo ("dos 99%") em oposição a uma elite corrupta ou ineficiente — e uma crítica da penetração da sociedade e da esfera pública por limitados critérios de mercado.

Ambos os conjuntos de descontentamentos democráticos podem ser denominados "populistas". Ambos depositam a culpa aos pés das elites, ainda que por razões diferentes. Ambos veem a solução no sentido de encarregar o povo de decidir ou determinar por si mesmo como deseja ser governado e, de fato, se deseja ser governado. Ambos estão convencidos de que uma liderança nova

A CRISE DA DEMOCRACIA

A ideia de que a democracia está em crise é compartilhada por muitos cientistas políticos, por muitos políticos e comentaristas. De fato, alguns sugerem que, se ela não tiver realmente morrido (conforme o título do livro de John Keane, *Vida e Morte da Democracia*, foi transmutada em "pós-democracia", "cleptocracia" (governança por roubo) ou alguma outra variante de "plutocracia" (governo dos ricos).

Essa é uma reação ao declínio, desde a década de 1960, de muitos dos principais indicadores usados para medir a saúde da democracia: comparecimento dos eleitores aos locais de votação, filiação a partidos políticos, confiança em políticos e interesse em política como determinado pelo quanto lemos sobre política ou assistimos a conteúdo relacionado a política na televisão. Há também preocupações sobre a erosão da "integridade eleitoral" — até que ponto podemos dizer que as eleições são "livres e justas". No entanto, nem todos os especialistas estão convencidos de que a democracia está em crise ou de que há algo de novo e particularmente sério no atual estado das coisas. David Runciman observa em *The Confidence Trap* que a opinião instruída tem sustentado que a democracia liberal está em crise desde o final do século XIX. Ele também comenta que há períodos em que a percepção da crise foi muito mais intensa que no presente, notadamente nos anos 1930. Outros apontam para a evidência de pesquisas regulares em larga escala, como o Eurobarômetro, constatando o apoio persistente às instituições democráticas mesmo entre aqueles com pouca inclinação para votar ou empossar políticos. Mesmo onde os comentaristas concordam que há uma crise, há pouco consenso sobre a natureza das causas subjacentes ou sobre o que deve ser feito.

e "autêntica" é necessária para promover uma transformação na vida democrática.

Conclusão

Ambas as formas de explicação, a econômica e a cultural, são necessárias para entender o que está acontecendo à nossa volta. Cada uma, no entanto, aponta para o surgimento de um tipo diferente de populismo. O descontentamento cultural tende a estar na raiz das formas de direita e extrema direita do populismo. O descontentamento econômico está de maneira mais óbvia na raiz dos populismos de esquerda e na crítica ao neoliberalismo. Recessão e austeridade sem dúvida catalisam o desenvolvimento do ressentimento contra migrantes e refugiados "roubando empregos" e, portanto, por extensão, o descontentamento cultural. Se acrescentarmos uma terceira dimensão, o descontentamento democrático, teremos uma noção das dinâmicas e tendências de longo prazo que, de outra forma, poderiam ser deixadas fora do quadro. Ela é necessária para enquadrar o populismo como resposta não só à crise econômica e ao impacto da globalização, mas também ao esvaziamento da política representativa que vem ocorrendo mais ou menos no último meio século. No vazio criado por um colapso da confiança nos partidos centristas tradicionais, a política *outsider* floresceu e continuará a florescer se não for dada atenção àquelas dinâmicas e tendências.

Precisamos, no entanto, ser cuidadosos antes de nos apressarmos a resumir como esse processo está preparando o terreno para o populismo. O declínio da democracia não tem uma causa única, mas reflete uma série de mudanças sociológicas na sociedade que estão se alimentando de novos tipos de demanda e novos tipos de reivindicação representativa, alguns dos quais não podem ser satisfeitos pela maneira existente de nos organizarmos. O populismo é menos causa do declínio democrático, como às vezes é sugerido na mídia, que efeito ou sintoma de uma crise mais ampla. Mas interessa muito ao populismo manter e, na verdade, construir a percepção de que as coisas não estão indo bem e que a política normal, os partidos tradicionais e os políticos de sempre não sabem o que fazer com elas e precisam ser substituídos por aqueles que sabem. O populismo é um produto da crise, mas também precisa da crise para manter seu *momentum*, sua eficácia e seu apelo. A "normalidade", seja lá como for definida, é a inimiga do populismo. Isso significa dizer que o populismo representa necessariamente uma ameaça à democracia? Ou, de forma paradoxal, *precisamos* do populismo para que ela seja renovada?

4
O Populismo é uma Ameaça à Democracia?

Perguntar se o populismo é uma ameaça à democracia vai, sem dúvida, parecer a alguns uma pergunta curiosa. O populismo, pelo menos no seu sentido mais abrangente, diz respeito a extremos políticos, a demagogos de bochechas vermelhas que atiram ofensas contra oponentes e anseiam pela adoração de seus partidários. Desse ponto de vista, o populismo parece ter muito em comum com o autoritarismo e o fascismo: são estilos vistosos e turbulentos de política, em franco contraste com a temática sóbria, sensata, associada às democracias funcionais. Como poderia o populismo, que parece e soa muito diferente da democracia, não ser uma ameaça para ela?

Por mais surpreendente que possa parecer a princípio, a questão é polêmica. As pessoas não estão querendo saber se é bom ou ruim ver a incivilidade e a intolerância se infiltrarem na política. A pergunta é se o surgimento de um estilo de política mais agressivo tem assim tanto a ver com o populismo ou se esse estilo resultou dos valores e crenças daqueles que podem estar usando uma estratégia populista para promover seus objetivos. O populismo é usado não só para descrever movimentos "nativistas", de extrema direita, mas também movimentos esquerdistas que em geral não compartilham a postura negativa dos primeiros acerca de minorias, islamismo ou refugiados, para tomar três grupos de vítimas que atraem com regularidade a ira da direita.

Populismo e a ameaça à democracia

As agressões verbais de Trump a Hillary Clinton ("Coloquem Ela na Cadeia!"), os ataques intempestivos de Nigel Farage à UE e seus funcionários (como ao presidente da UE, Herman Van Rompuy: "Você tem o carisma de um pano de chão e a aparência de um bancário qualquer"), Marine Le Pen metaforicamente agarrada à bandeira francesa como uma Marianne moderna,** a crítica que Wilder faz do Islã ("Não odeio muçulmanos", ele uma vez explicou ao *Observer*. "Odeio o livro e a ideologia deles"), nada disso parece ou lembra uma democracia, muito menos no que toca a suas imagens clássicas. A democracia deveria ser imparcial, sensata e de espírito público. Deveria falar de indivíduos dando o melhor de si para a sociedade: "Não pergunte o que seu país pode fazer por você, pergunte o que você pode fazer pelo seu país", foi entoado de forma memorável pelo presidente J. F. Kennedy.

---

* Marianne é aquela figura de seios nus, representante da liberdade, que carrega a bandeira no quadro pintado por Delacroix em homenagem à Revolução Francesa (*A Liberdade Guiando o Povo*). (N. do T.)

Para chegar à raiz da relação entre populismo e democracia precisamos nos mover sob a superfície dos perfis e clichês da mídia para avaliar os argumentos daqueles que estão convencidos de que existe algo aí além de arrogância ou grosseria. O que, em suma, torna o populismo uma ameaça, não apenas um estilo barulhento, odioso de política, que podemos contestar mais por razões estéticas que por alguma coisa substantiva?

Pluralismo *versus* monismo

Se existe um argumento que une os críticos do populismo, é a defesa do pluralismo, a ideia de que em qualquer sociedade complexa haverá todo tipo de opinião sobre como deveríamos viver, bem como diferentes religiões, diferentes visões de mundo e diferentes modos de pensar sobre liberdade, igualdade e justiça. É um argumento que surge em livros recentes escritos, entre outros, por Jan-Werner Müller (*O Que é o Populismo?*), William Galston (*Anti-Pluralism: The Populist Threat to Liberal Democracy*) e Yascha Mounk (*O Povo Contra a Democracia*).

A tese do populismo é que o povo precisa reivindicar o poder e a soberania que têm as elites. Pensemos no tipo de reivindicações propostas por Trump, Farage e Le Pen. Trump se mobiliza contra "Washington", acusando as elites de terem negligenciado os trabalhadores americanos e só defendido seus próprios interesses. Farage acusa o *establishment* britânico de estar em conluio com a UE, deixando o povo impotente diante de uma burocracia esmagadora. Le Pen acusa as elites de estarem fora de contato com os sentimentos de cidadãos confrontados com uma maré de imigrantes muçulmanos que está progressivamente diluindo o sentimento da França como nação cristã e europeia. "A globalização financeira e a globalização islâmica estão ajudando uma à outra", disse ela a seus partidários quando lançou a campanha presidencial em fevereiro de 2017. "Essas duas ideologias visam pôr a França de joelhos." Essa é uma retórica populista clássica. Mas por que é antidemocrática? Na sua forma contemporânea, a democracia diz respeito à gestão das diferenças entre pessoas. Mais especificamente, trata-se de como administramos diferenças de opinião, pontos de vista e ideologias em complexos cenários modernos. Deve ser gasto mais dinheiro em serviços públicos ou devemos assegurar, em nome da liberdade pessoal, que as pessoas consigam ficar com uma parcela maior de sua própria renda? Todos têm direitos a cuidados de saúde gratuitos ou o acesso a cuidados de saúde deveria ser determinado pela renda ou pela riqueza herdada? Deveria o ensino superior, como "bem público", ser gratuito ou será mais justo que paguemos por algo que beneficia mais a nós que à sociedade?

    Grande parte disso se resume a uma diferença de valores. Os liberais tendem a favorecer as necessidades e os interesses do indivíduo sobre o coletivo. Os socialistas, e quem está na esquerda, tendem a dar prioridade às despesas sociais e aos serviços públicos em detrimento do direito de uma pessoa usufruir benefícios que não estão ao alcance de outros. Isso está refletido em nosso sistema de governo por meio da eleição de representantes de partidos políticos, que são depois responsabilizados pelos eleitores pelo modo como esses valores são postos em prática. Se um número maior de pessoas defende o ensino superior gratuito em vez das taxas universitárias, isso vai se refletir em suas preferências nas urnas eleitorais e, por fim, na política nacional. A democracia moderna é "majoritária"; o que é decidido depende de até onde chega a opinião da maioria. Em maior ou menor grau. Há sempre um debate em ciência política sobre até que ponto o sistema eleitoral consegue realmente refletir a vontade da maioria. O fundamental, no entanto, é que estamos acostumados à ideia de que a "vontade do povo" se identifica com "a vontade da maioria do povo que votou ou tomou parte em um referendo".

A preocupação com os populistas é que eles não procuram distinguir opiniões individuais daquelas "do povo". Não reconhecem diferenças de ponto de vista, ideologia ou preferência pessoal como fundamentais para a compreensão de como a sociedade deveria funcionar. Em vez disso acreditam que o governo deve se basear nas opiniões e necessidades "do povo" considerado como entidade singular. Nenhuma outra consideração é tida como significativa — e o problema está aqui —, legítima ou digna de ser ouvida. Outro modo de colocar isso é que o populismo está em conflito com o liberalismo. Não encara a liberdade, os pontos de vista e as opiniões individuais como valores primários. Quer que a "Vontade do Povo" prevaleça. Não é nada bom que nossa visão pessoal possa não coincidir com ela.

Para críticos do populismo, isso destrói a compreensão que está no centro da governança democrática: a democracia tem de ser democracia *liberal*. Alguns críticos detectam aqui a mão sombria do filósofo político do século XVIII Jean-Jacques Rousseau, com sua ideia influente de que a sociedade devia ser governada pela "vontade geral", isto é, por leis e normas a que todos deviam dar seu consentimento. É uma ilustração perfeita da distinção que os comentaristas querem fazer entre as concepções populistas e pluralistas da democracia. Os pluralistas insistem que, em condições democráticas, tudo que podemos estabelecer é o que todos, individualmente, escolhem: 52% dos votantes do Reino Unido querem o Brexit e 48% não. Rosseau achava insatisfatório governar uma sociedade em tal base "majoritária". Deveríamos ter em vista uma sociedade que unisse o povo, que criasse consenso, em vez de agregar votos ou preferências para chegar à "vontade de todos". Não seria melhor governar com base em leis e políticas que correspondessem aos interesses de todos, à "vontade geral"?

Isso parece atraente, mas o problema sempre foi definir o que é do interesse de todos sem desprezar a visão da maioria. O próprio Rousseau foi bastante vago sobre o assunto, deixando-o aberto a uma variedade de interpretações. Há muito surgiu a desconfiança de que a "vontade geral" ia desmoronar com rapidez na "vontade do líder ou partido que entende o que o povo quer". Esse é o problema com a tese populista da representação. Ela propõe um atalho entre o povo e um líder que sabe intuitivamente o que nós queremos. Como bem coloca Müller, "o líder distingue de forma correta o que nós corretamente pensamos e, às vezes, pode pensar a coisa correta um pouquinho antes de nós".

O populismo, então, é antidemocrático, porque se recusa a reconhecer que opiniões, filosofias ou ideologias diferentes tenham algum peso ou valor. Ao postular a ideia do povo como entidade homogênea, sem diferenças em termos de necessidades e interesses, dissolve a compreensão que alimenta o desenvolvimento da democracia como um sistema plural de governança, em que partidos políticos e outros atores articulam diferentes pontos de vista, diferentes políticas e prioridades. O populismo ameaça isso porque diz que precisamos de um governo baseado na vontade geral, não baseado na vontade de todos. Parece ser uma extensão máxima da democracia, mas não passa de ilusão. Em última análise, o que "o povo" quer ou precisa é um código para o que o líder e seu círculo querem ou precisam. Concorde ou saia do caminho.

Mudde e Kaltwasser expuseram de forma clara a ambivalência:

> ... o populismo é essencialmente democrático, mas está em desacordo com a democracia liberal, que é o modelo dominante no mundo contemporâneo. O populismo sustenta que nada deve restringir "a vontade do povo (em estado de pureza)" e rejeita de forma essencial as noções de pluralismo e, portanto, de direitos das minorias, assim como as "garantias institucionais" que deveriam protegê-los.

Redenção *versus* solução de problemas

O populismo é um estilo redentor de política. O importante não é fazer com que o governo funcione melhor, fornecendo melhores serviços médicos ou resolvendo os muitos quebra-cabeças com que os que fazem as leis têm de lidar no dia a dia. O importante é a promessa de um país melhor, um mundo melhor, um povo mais feliz e mais satisfeito. Marine Le Pen promete tornar a França mais segura, mais unida e mais "francesa". Beppe Grillo promete dar fim à corrupta forma de governo marcada pelo clientelismo e pelo favoritismo que há décadas tem se mantido na Itália. Bernie Sanders oferece "um futuro em que acreditar". Jeremy Corbyn promete um governo "para os muitos e não para os poucos". O populismo se alonga em promessas, mas é curto nos detalhes. Oferece um futuro promissor sem nos contar como será alcançado ou de que recursos precisará.

Embora a imprecisão e a generalidade da promessa sejam dois dos pontos mais fortes do populismo como estilo de campanha e mobilização políticas, uma vez no poder o populismo pode se tornar uma fonte de decepção que leva à desilusão dos cidadãos. O populismo joga com altas expectativas. É o que o torna uma força política tão envolvente em termos emocionais, tão atraente. Os populistas não precisam ajustar sua mensagem a orçamentos limitados ou às dificuldades de melhorar a vida dos cidadãos. O próprio otimismo, combinado com uma extravagante visão de sua eficácia, cria a dinâmica associada aos regimes populistas: uma intolerância a instituições independentes, como a imprensa livre, o judiciário e órgãos autônomos da administração pública.

Em uma democracia, instituições independentes fornecem um contrapeso à mensagem do governo. Chamam nossa atenção para políticas que estão fracassando, pessoas que não estão correspondendo, projetos que não estão se tornando realidade. Proporcionam uma salvaguarda contra o abuso de poder. Sabendo disso, os populistas estão inclinados a se colocarem cedo na linha de frente para minar a confiança e o apoio a tais instituições. Pense nos métodos usados por Trump para submeter a controle os órgãos de imprensa; o modo alarmante como ele acusou alguns dos mais respeitados veículos da mídia americana de espalharem *fake news*, histórias negativas e narrativas de fracasso, antes de declará-

-los "inimigos do povo". No Reino Unido, ativistas pró-Brexit têm estado em guerra mais ou menos constante com a mídia acerca de notícias relacionadas ao impacto do Brexit sobre a economia. Compreendendo a importância da previsão de indicadores econômicos para as pessoas julgarem se devem dar apoio ao Brexit, ativistas estão sempre protestando contra os setores da mídia voltados para uma visão cética do provável impacto da saída da UE. Os defensores do Brexit também ameaçam o judiciário e o *Civil Service*. Quando a Suprema Corte apoiou uma petição para garantir que o Parlamento do Reino Unido opinasse sobre se o resultado do referendo devia ir adiante, os juízes foram acusados de serem "traidores" por elementos da mídia próximos à campanha do Brexit. Ao publicar um relatório sobre o provável impacto do Brexit nas exportações britânicas, prevendo efeitos negativos, o *Civil Service* foi acusado de parcialidade e deslealdade. Um tema comum do discurso populista contemporâneo é o ataque a especialistas e ao conhecimento especializado, código para alguém que não concorde com uma determinada política ou determinada atitude.

O instinto populista é manipular, suprimir, persuadir e intimidar instituições independentes e a sociedade civil para que se coloquem de acordo com sua visão de mundo. Isso é contrário à natureza e à forma da governança democrática, que é construída sobre um reconhecimento da independência das instituições e um respeito a ela. Esses órgãos possuem políticos honestos, servem ao interesse público assegurando confiabilidade e transparência e nos alertam sobre o abuso de poder. Solape-os ou, pior, elimine-os, e ficamos sem proteção diante do poder do Estado e a um curto passo do autoritarismo e do fascismo.

Modernidade *versus* feudalismo

O populismo diz respeito a líderes e liderança. O líder possui a mensagem de redenção. O carisma do líder atrai partidários e os mobiliza com base na mensagem. De vez em quando os populistas fundam seu próprio partido, como fizeram Beppe Grillo e Pim Fortuyn. Mas também podem se apoderar de partidos que já existem e transformá-los em coisa sua. Trump encontrou um partido traumatizado após a derrota em duas eleições, disposto, em uma pragmática barganha faustiana, a sacrificar sua alma para ser eleito. Os Le Pens não chegaram exatamente a criar a FN, mas criaram uma forte associação com a marca. Jeremy Corbyn não precisou criar um partido, mas precisou tornar o Partido Trabalhista um partido seu ao filiar centenas de milhares de novos membros e mobilizar seu grupo de apoio (*"Momentum"*) dentro do partido, tornando quase impossível que alguém conseguisse removê-lo. Além de ser um *outsider* em seu próprio partido, tornou-se o *outsider* do *outsider*, trazendo para sua causa a responsabilidade pela superação de todos os males sociais.

Para os críticos, a ênfase no líder representa o retorno a um arranjo pré-moderno ou feudal. Sob o feudalismo, todos deviam sua posição e seus privilégios ao monarca. A lealdade ao líder era o laço que os ligava. O feudalismo foi progressivamente deslocado por processos que tornaram os governantes responsáveis perante os governados, substituindo relações construídas com base em conexões pessoais e familiares por relações construídas com base nos atributos funcionais dos cargos. Os monarcas foram substituídos por presidentes, devidamente eleitos por aqueles qualificados a votar. Ministros e titulares de cargos tornaram-se responsáveis perante os parlamentos e assembleias, eles próprios compostos de representantes eleitos. O regime pessoal caiu, favorecendo instituições e processos destinados a garantir a responsabilização, a estabilidade e a transparência do governo.

O populismo se define contra a lógica do que a democracia passou a significar, contra o modo como funciona e contra sua base. Com enorme ênfase na onisciência e nas propriedades perspicazes do líder, ele tende a dar origem a um culto à personalidade, o que coloca outras instituições sob pressão. A crítica ao líder se torna crítica do regime e, de forma implícita, uma ameaça à ordem política. Não há melhor ilustração do que a corte de Trump. As constantes demisssões e contratações, o ir e vir de funcionários, assessores e confidentes lembram profundamente o feudalismo. Lembram também anteriores regimes autoritários e fascistas, em que os líderes faziam expurgos regulares em suas fileiras imediatas para salvaguardar sua posição e minar a possibilidade de surgirem rivais.

A literatura sobre estudos do populismo há muito documenta essa dinâmica no mundo em desenvolvimento, em particular na América Latina. A instabilidade política leva ao colapso social, que leva à demanda por um líder forte, ou caudilho, para arrumar a casa. O líder desenvolve um regime baseado no clientelismo, que tem a vantagem de atribuir ao líder uma auréola de poderes sobrenaturais para garantir sua base de poder e, por extensão, a posição privilegiada de quem ele apoia. Esse foi com frequência o padrão ao longo do século passado; e ressurgiu nas eleições brasileiras de 2018 com a eleição de Jair Bolsonaro, um ex-oficial das Forças Armadas. O sucesso de Bolsonaro deve muito à sua promessa de um novo começo após um período em que a probidade da classe política foi posta em questão. Caudilho por excelência, ele é um rígido disciplinador que promete restaurar a lei e a ordem. Bolsonaro se gaba, em sua imagem midiática, de ser uma figura intransigente, pronta para enfrentar os elementos marginais da sociedade brasileira: os migrantes, os pobres de rua e a comunidade LGBT. Ele foi citado no *The Guardian* dizendo que "a sociedade brasileira não gosta de homossexuais" e no *The New York Times*, respondendo à chegada de migrantes, disse que "a escória do mundo está chegando ao Brasil, como se não tivéssemos problemas suficientes para resolver". Sua base de poder se apoia, à maneira clássica, na família e em uma ampla rede de dependentes que se unem à causa "Brasil acima de tudo; Deus acima de todos".

Temos menos exemplos a serem invocados nas democracias mais antigas e os que temos não são encorajadores. Na Hungria, Viktor Orbán assumiu o comando de um regime ex-comunista, mas totalmente democrático, com uma sociedade civil sofisticada, liberdade de imprensa e mídia, tudo sob o olhar atento da União Europeia. Nada disso o impediu de castrar grande parte da sociedade civil, gerando um discurso amargo, desagregador, e aparelhando um regime que se parece muito mais com um autoritarismo de partido único que com a democracia que ele desalojou. Bloomberg reportou observadores eleitorais fazendo comentários sobre "o espaço cada vez menor para um debate político informado" na eleição húngara de 2018, dando destaque a controles sobre informes de mídia e à retórica de Orbán, que girou em torno de uma rejeição do liberalismo e do pluralismo. O fascínio, em suma, do populismo com a liderança carismática tem consequências negativas para a democracia, na qual se espera que os líderes sejam cobrados, ou diretamente pelo eleitorado ou por suas legislaturas. Em condições democráticas, as instituições são encaradas como fundamento, não o líder.

O argumento contra o populismo é convincente. Se ficar sem controle, ele corrói os atributos essenciais da democracia. Esses atributos incluem o respeito e o reconhecimento de diferenças importantes com relação a valores e crenças individuais, o reconhecimento da sociedade civil como esfera autônoma autorizada a criticar o Estado como e quando os cidadãos assim decidirem e a priorização de instituições e processos sobre as qualidades pessoais, o carisma e os traços caprichosos de líderes individuais.

VIKTOR ORBÁN

Viktor Orbán é o líder do partido *Fidesz* na Hungria. Foi eleito três vezes como primeiro-ministro, a última em 2018. É conhecido por suas opiniões políticas de extrema direita e por adotar uma postura de "iliberalismo" democrático em resposta ao fluxo, percebido como ameaça, de refugiados do sul da Europa e do Oriente Médio. É também conhecido por seu euroceticismo e critica com frequência a União Europeia pela fraqueza na defesa do continente contra a migração em massa. Tem sido acusado de atentar contra a democracia na Hungria por meio de uma série de reformas concebidas para enfraquecer a independência de instituições como o judiciário e a imprensa livre. De um modo mais geral, sua política se destaca por ser conservadora, nacionalista e pró-livre mercado.

A democracia é, acima de tudo, um sistema de governo em que existem pesos e contrapesos, uma imprensa livre e instituições independentes, como o judiciário, e um serviço público apartidário para servir ao governo, não para ser seu joguete. Qualquer coisa que ameace uma parte desse sistema ou o sistema como um todo representa uma ameaça à democracia. Isso inclui o populismo.

Populismo e renovação democrática

Não é difícil reconhecer essa conclusão nos muitos relatos e análises da mídia sobre a atual insurreição populista e o que ela representa para a democracia. Há diferenças de nuances e ênfases, mas em geral o consenso é que o populismo é ruim para a democracia e devem haver adequadas oposição e resistência a ele. Contudo, a história não acaba aí. Vamos continuar a discutir o que o conceito significa e, portanto, se estamos realmente discutindo um mesmo fenômeno ou confundindo populismo com autoritarismo, fascismo ou algum tipo de política que procure intimidar uma minoria.

Alguns são mais ambivalentes sobre o populismo, admitindo que pode muito bem haver conteúdo democrático em sua principal declaração, a de que o povo deveria ser sujeito da política. Continuam, no entanto, temerosos de como essa percepção poderia ser colocada em prática sem pôr em risco aspectos essenciais da governança democrática, como um judiciário independente e eleições competitivas. Alguns comentaristas admitem que, sob certas condições, o populismo *poderia* ter um papel a desempenhar na mobilização de cidadãos em torno de um projeto para renovar a sociedade, por exemplo em partes do mundo em desenvolvimento onde, sem uma forte liderança unificadora, a desintegração social pode estar à espreita.

Encontramos alguma sugestão na literatura de que pode haver um lugar para o populismo, mas em geral isso é formulado como *exceção*, não como ponte para refletirmos sobre a utilidade do populismo para a democracia. Talvez o populismo possa ser justificado sob certas condições. Alguns, por exemplo, têm sugerido que, onde é necessária uma liderança forte para iniciar ou manter um processo de construção institucional, talvez precisemos fazer concessões. Poderíamos talvez pensar no populismo como um prelúdio à democracia ou como parte de um processo de democratização, desde que sua ocorrência se dê bem longe de nossa democracia, a democracia dos Estados industriais avançados. Aqui há menos ambivalência. O populismo é uma ameaça e — no que toca à maioria dos que escrevem sobre o tema — deve ser combatido.

Há, no entanto, pelo menos uma escola de análise política que tem desafiado de forma consistente a maré. Essa escola está associada ao trabalho e ao legado do teórico argentino da ciência política Ernesto Laclau, autor de uma importante obra sobre o tema, *A Razão Populista*. Para Laclau, o populismo não é apenas compatível com a operação da democracia, é a melhor estratégia para *renovar* e expandir a democracia. Ele e Chantal Mouffe, seu coautor de muitas obras importantes, chamam a coisa de "democracia radical". Na opinião deles, devemos colocar de lado nossos medos do populismo, abraçar o populismo e entender seu potencial para gerar formas de política capazes de envolver, de forma integral, pessoas cujas necessidades e cujos interesses são com frequência negligenciados. A renovação da democracia deve ser concebida como um projeto, assim como um processo. E como projeto, precisa apelar para aqueles que são o sujeito da democracia, o próprio povo. É uma leitura muito diferente da natureza, da forma e do potencial do populismo. Muitas interpretações que respaldaram a hostilidade do *mainstream* ao populismo são implicitamente — e com frequência de forma explícita — questionadas por Laclau.

Isso inspirou uma narrativa muito peculiar do populismo que contrasta de forma nítida com a abordagem dominante dos estudos do populismo e a de muitos jornalistas contemporâneos. A obra de Laclau continua a informar a análise entre teóricos políticos progressistas, chamados às vezes de "Escola Essex", nome da universidade onde durante muitos anos ele foi professor. Também é amplamente discutida entre ativistas de esquerda. Os fundadores do *Podemos*, o partido espanhol criado após a #15M, reconhecem de bom grado sua influência e sem dúvida adotam o termo populismo do modo incentivado por Laclau.

A análise do populismo feita por Laclau é sem dúvida inconfundível. É também apresentada em uma linguagem técnica exigente, que desafia muitos não especialistas. Por outro lado, seu trabalho tem exercido tamanha influência tanto em debates acadêmicos sobre populismo como entre círculos ativistas que, sem dúvida, vale a pena nos alongarmos sobre ele.

Política como luta pela "hegemonia"

Na opinião de Laclau, não há nada incomum em uma política que apele "ao povo". Ou melhor, em uma *democracia* não há nada de incomum em apelar para o povo. Em condições democráticas, o povo, o *demos*, é o sujeito da democracia. Políticos apelam o tempo todo para o povo, embora possamos ouvi-los usar outros termos: podem falar sobre "trabalhadores comuns" ou "batalhadores" (um termo favorito na Austrália). Podem falar sobre "a grande maioria" ou "homens e mulheres sensatos". Dá no mesmo: apelam ao povo na medida em que buscam a maior aprovação possível para sua visão de como a sociedade deve funcionar, como devemos nos organizar, quem deve obter isto ou aquilo. Raramente ouvimos políticos apelarem diretamente aos interesses setoriais que podem ser os de seus eleitores. Não costumam dizer: "Esta política é boa para a classe média, mas não para o restante de vocês"; eles dizem: "Precisamos ajudar os negócios porque isso é bom para o país". Quando cortou impostos das empresas, Trump não disse: "Estou fazendo isso para tornar as pessoas ricas mais ricas". Disse que políticas como aquela eram necessárias para fazer com que todo o país vivesse melhor. Traduziu uma política que apelava fortemente para uma parte de sua base de apoio em uma política que supostamente ajudaria a todos, ajudaria o povo. Nada de novo nisso, é o argumento de Laclau. Traduzir políticas que melhoram a condição de uma parte da sociedade em políticas que pareçam beneficiar a todos é fundamental para manter o apoio eleitoral.

Para Laclau, não há nada de intrinsecamente antidemocrático nisso. De maneira alguma. Uma campanha que não procure ir além de interesses estreitos, setoriais ou particulares está condenada a não sair das margens — da província do "protesto" ou dos "interesses especiais". Se quisermos que nossa visão da sociedade, nossos valores e crenças ganhem força, precisamos ter o povo do nosso lado. Isso, em poucas palavras, é o que significa procurar "hegemonia". Descreve uma situação em que a visão de mundo dominante e aqueles que estão identificados com ela desfrutam de grande apoio. Indica que os cidadãos dão pleno consentimento à ordem social que, em consequência disso, não precisa de força ou violência manifestas para se manter. Em condições democráticas, todos os partidos e projetos políticos buscam hegemonia. Procuram convencer o maior número possível de pessoas a lhes dar seu apoio, seus votos; querem que as pessoas se entusiasmem e vejam como desejável sua visão de como a sociedade deveria ser.

Até aí tudo bem. O problema é como conseguir que apoiem nossas opiniões. Precisamos de liderança. Alguém tem de articular nossa visão. Ter uma pessoa carismática que possa fazer isso é o melhor meio de alcançar o maior número possível de pessoas. Palavras de ordem, valores e ideias não se vendem por si mesmos; têm de ser vendidos por alguém. É por isso que a liderança é tão importante e por que a questão de quem lidera um determinado partido ou movimento é de vital interesse para membros do partido e os eleitores. O líder "condensa", incorpora a mensagem e a torna real para os cidadãos.

O sucesso na política depende, em geral, de contarmos com alguém que possa articular a mensagem central de nosso partido ou movimento mais amplo em termos claros, persuasivos, convincentes. Líderes precisam de carisma, mas nem todos têm a mesma aparência, falam da mesma maneira ou são pessoas tão imperiosamente dominadoras. Existem diferentes estilos e meios de articular mensagens. Mas os líderes precisam ser comunicadores eficientes, capazes de ir além dos apoiadores habituais de um partido e apelar para o eleitorado mais amplo. É como a política funciona em condições contemporâneas, que, como observam muitos cientistas políticos, se caracterizam pela "presidencialização" da política e a colocação do líder, sob o olhar da mídia, em primeiro plano. Como o Partido Conservador descobriu nas eleições gerais de 2017 no Reino Unido, com uma líder (Theresa May) que fugia dos debates na televisão, que não se sentia à vontade quando estava previsto falar em público e não convencia na frente das câmeras, era improvável que sua causa fosse à frente. Embora os conservadores tenham ganho a eleição, muitos atribuíram seu número dramaticamente reduzido de assentos ao estilo pouco persuasivo de campanha de *Mrs.* May.

Da estabilidade à crise

Em grande parte do tempo, o apelo ao povo é um recurso retórico usado pelos políticos para reforçar suas propostas, de modo a conseguir amplo apoio a seus planos de ação. Podemos ouvir propostas populistas em época de eleição, quando é maior o empenho para chegar aos cidadãos e conseguir mobilizá-los para votar, mas em geral a política, em condições democráticas, tem uma qualidade mais monótona. Vira uma questão cinzenta de "quem recebe o quê, quando, onde e como", segundo a famosa e lacônica síntese de Harold Lasswell. Não tem nada de heroica. Não agita as paixões nem dispara emoções. Procura apenas fazer o que tem de ser feito. Em tempos de crise, no entanto, o populismo assume um aspecto diferente.

Numa crise somos levados a pensar menos nas virtudes de um político ou partido dominante em detrimento de outros e mais em por que as coisas não parecem estar dando certo. Desemprego elevado, recessão, insegurança e colapso social nos forçam a reavaliar não só o desempenho individual dos políticos, mas também como e para quem o sistema funciona. A situação nos leva a examinar a estrutura hegemônica da sociedade, o conjunto central de crenças e valores que sustentam a sociedade em que vivemos. Quanto mais nos parece haver algum problema fundamental que precisa ser corrigido, mais parece que as diferenças entre os principais políticos são menos importantes do que aquilo que os une. Diferenças que pareceram significativas durante os períodos de estabilidade parecem triviais quando o próprio sistema está em jogo. Partidos políticos se fundem e os candidatos começam a parecer todos iguais, na aparência e pelo que falam; são membros da "elite" que usam ternos. Chegam para ser parte do problema, não parte da solução. "Não importa em quem você vota, o governo sempre se mete", para citar a inimitável The Bonzo Dog Band.*

Um exemplo claro dessa transformação do pensamento é o movimento *Occupy* e seu lema retumbante: "Somos os 99%". O lema desafia a hipótese pluralista de como a democracia funciona que insiste que, em condições democráticas, podemos encontrar representantes de cada interesse e cada parcela da sociedade. A sugestão é que nossos representantes estão coligados com 1% da população, os ricos e poderosos, cujas necessidades têm muito mais peso que as do restante do mundo. É um lema poderoso e,

---
* Banda musical britânica criada na década de 1960. (N. do T.)

121

nesta leitura, tem um sentido populista. Mas teria pouca força se a recessão e a austeridade não tivessem obrigado a uma reavaliação dos valores básicos e das expectativas que sustentam a sociedade. Não foi o *Occupy* que gerou a crise, mas a crise que gerou o *Occupy*.

À medida que as incertezas se multiplicam, vemos uma proliferação de iniciativas populistas, incluindo novos movimentos sociais e novos partidos políticos cuja proposta principal é o desafio às elites, com a promessa de consertar as coisas de fora. No contexto de recessão e austeridade, não é surpreendente encontrar audiências se tornando mais receptivas ao *outsider* ou a partidos populistas. A crise financeira global minou o consenso hegemônico que operou do início dos anos 1980 até a primeira década do século XXI. Questionou a centralidade do neoliberalismo, o que permitiu a crítica feita pela esquerda da financeirização e da desigualdade, e a adoção da globalização para promover o crescimento econômico, seu aspecto travado por movimentos políticos e partidos de extrema direita ou nativistas. Nada disso, porém, fez muito sentido ou teve muita força para os eleitores durante o período estável antes da crise financeira global. A crise permitiu tanto a pesquisa da lógica hegemônica que lhe era subjacente quanto das elites que dela derivavam seu poder e seu privilégio.

Isso soa como uma explicação que tem sua origem em um ponto de vista de descontentamento econômico, mas não precisa ser lido assim. Um argumento básico é que o surgimento de um discurso que coloca o povo contra as elites é indício de um cisma fundamental em desenvolvimento, uma desconexão entre os cidadãos e aqueles que deveriam representá-los, um sintoma de colapso no ciclo de *feedbacks* que a democracia foi concebida para sustentar. Isso pode estar acontecendo porque as elites estão impondo políticas a uma população relutante, mas também porque os valores e normas promovidos pelas elites não conseguem ser aceitos pelos cidadãos nem refletir descontentamentos sociais mais amplos. Em outras palavras, a crise pode ser tanto sintoma de descontentamento cultural e democrático quanto de descontentamento econômico. Não apenas o empobrecimento é capaz de alimentar o descontente, mas também a alienação social e cultural dos valores da elite.

Democracia depois do populismo

Com a crise vem a oportunidade de desafiar e depois reconstituir a base hegemônica da sociedade. Crise não constitui o fim do mundo. Não tem de levar ao colapso social ou à desintegração. Diferentemente, força uma reconsideração dos termos e condições da vida social; as pessoas procuram por uma mudança, por algo melhor. Laclau apresenta o exemplo do nascimento do Estado de bem-estar social no Reino Unido após a Segunda Guerra Mundial como ilustração dessa mudança. Um líder de enorme sucesso do tempo da guerra, Winston Churchill, foi derrotado nas eleições gerais de 1945 por um político trabalhista menos comentado, Clement Attlee. As pessoas estavam ávidas para se afastar da austeridade e do rigor do pós-guerra e adotar um sistema social baseado em uma ética mais igualitária e redistributiva. Churchill defendia um retorno ao passado; Attlee, uma nova ordem social, o Estado de bem-estar. Na década de 1970, quando a inflação do Reino Unido ultrapassou o teto e os preços do petróleo mundial subiram, o modelo de bem-estar ficou sob pressão, precipitando uma nova mudança distante do Estado de bem-estar social e no rumo do neoliberalismo e da nova gestão pública.

Isso ilustra uma importante faceta da compreensão que tinha Laclau de como o populismo funciona. Não há garantia de que, no rastro da crise social, o eleitorado vá favorecer soluções progressistas ou de esquerda. Pelo contrário, os cidadãos devem estar sendo levados a assumir novas posições e novas soluções têm de ser encontradas. Argumentos que talvez tenham tido pouquíssima força antes da crise encontram agora uma audiência que pode muito bem ser mais receptiva a ideias exóticas ou heterodoxas. Com boa organização, com uma estratégia clara articulada por um líder carismático e políticas concebidas para abordar as preocupações imediatas dos cidadãos que possam ter sido seriamente afetados pela austeridade ou pela injustiça, uma renovação democrática pode ocorrer.

Além de desafiar o comentário do *mainstream*, que tende a se concentrar nos efeitos negativos do populismo, o pensamento de Laclau sobre o populismo também contesta a postura de muitos ativistas progressistas que querem empurrar a democracia em uma direção mais igualitária e participativa. Nem todos os ativistas querem endossar ou estão satisfeitos com a ideia de reviver ou renovar a democracia abraçando o populismo e investindo em uma figura carismática. Esse é também o ponto discutido por Laclau: muitos ativistas se sentem mais à vontade fazendo manifestações, ocupando ou protestando nas ruas que competindo de forma direta por poder nas eleições. Podem procurar desenvolver um estilo de política "prefigurativo", que adota formas de organização horizontais, sem liderança, que, segundo eles, deveria caracterizar a "democracia real". Ou podem achar que a organização baseada em partido é, de alguma forma, uma rendição "ao sistema".

Na Espanha, a criação do *Podemos* e as eleições de Ada Colau e Manuela Carmena ocorreram em um grande redemoinho de propostas e contrapropostas. Mas o argumento de Laclau, desenvolvido por populistas de esquerda na Espanha, na Grécia e em outros lugares, é que, durante momentos de crise, surgem oportunidades para ampliar as fronteiras da participação democrática e, de modo mais geral, subscrever algumas das causas que têm tradicionalmente animado quem está na esquerda a criar um partido ou movimento que conteste diretamente a hegemonia das forças políticas existentes. Tais momentos podem — e devem — ser usados para defender o bem maior e para um aprofundamento da democracia em nome do povo.

Antes de sair desta seção, devo talvez deixar claro que a tese não é que toda iniciativa populista é boa para a democracia; é que o populismo não é necessariamente ruim para a democracia nem uma ameaça à democracia da maneira descrita em análises clássicas. O fato de uma iniciativa ou um movimento populista se revelar ou não como ameaça à democracia não tem a menor relação com o fato de ser *populista*. O populismo, segundo Laclau, não é um tipo de regime ou uma visão particular de como devemos viver. Diferentemente, é uma abordagem que vê a política como dinâmica e influenciada por fatores sociais e econômicos mais amplos. A democracia é um conjunto de práticas e instituições em mudança e em evolução, sujeita ela própria a debate e discussão. De certo modo, o único dado é que "o povo" autoriza a democracia. Ele é tanto seu súdito quanto seu monarca; sem ele não pode haver democracia. O populismo permanece fiel a essa ideia e é por isso que Laclau diz que não podemos negar que o populismo seja parte inextricável da vida democrática. É a tentativa de eliminar a centralidade do povo no processo de legitimar e impulsionar a democracia que deve nos preocupar.

Se houvesse uma ameaça à democracia em condições contemporâneas, não seria o populismo, mas formas tecnocráticas de governança que insistem em restringir a discussão de assuntos de interesse público devido à sua complexidade. Quantas vezes já ouvimos a opinião de que não há muito sentido em envolver os cidadãos em determinado conjunto de questões porque ele é "complexo demais", porque nós "não entenderíamos" ou porque "não estamos interessados nisso"? O corolário é que é melhor deixar a governança para os especialistas, para aqueles que sabem como as coisas funcionam e que podem expressar o interesse público sem necessidade de incomodar o próprio público. É por essa razão que os tecnocratas temem referendos; temporariamente (pelo menos) eles perdem o controle da agenda. Os populistas, ao contrário, seriam a favor dos referendos porque eles representam uma expressão direta e não mediada da "vontade do povo", dando vantagem aos que desejam restringir ou evitar o emaranhamento institucional e processual. Isso pode ser uma representação acurada dos processos de pensamento de alguns líderes populistas, mas ainda trai uma sensibilidade tecnocrática e um desejo de manter o controle das elites sobre o processo político e o sistema de governança. Alimenta a ideia de que as elites são uma casta separada e privilegiada operando de acordo com suas próprias necessidades e seus interesses, em vez de um grupo cujo poder vem do povo.

Uma história de dois populismos

O populismo é uma ameaça à democracia? A primeira consideração é saber se vemos o populismo como algo externo agindo sobre a democracia, como descrito pelos críticos do populismo, ou como algo interno à lógica da contestação democrática, na linha dos argumentos de Laclau.

A maioria dos comentaristas concorda que precisamos fazer referência a uma crise para entender a situação difícil em que nos encontramos e, por extensão, para entender por que movimentos e partidos *outsiders* estão ganhando força. Mas ao mesmo tempo, como sabemos, a visão dominante é que o populismo ainda representa uma política específica, cujo prosseguimento vai solapar o pluralismo, as instituições democráticas, a civilidade, a imprensa livre e assim por diante. Uma crise só torna mais fácil aos populistas se estabelecerem como alternativas viáveis à política tradicional. Na imagem evocada, uma força antidemocrática emerge da própria democracia.

Colocada nesses termos um tanto reducionistas, temos uma explicação que parte do pressuposto de que o sistema está estável e funcionando bem e que as elites estão administrando a sociedade de acordo com nossas necessidades e nossos interesses. Então emerge um movimento ou líder que parece ameaçar derrubar o sistema em nome do povo. O apelo agora é para defender a sociedade contra a ameaça populista. A mensagem é clara: nós, democratas, temos de resistir aos populistas e defender nossos valores e crenças contra aqueles que os ameaçam. Para os amantes dos filmes de faroeste, isso é o que poderíamos chamar de versão *Rio Bravo* da ameaça populista: uma história fácil de digerir, com mocinhos e bandidos identificados de forma clara.

Outra metáfora é o populismo como uma bactéria que contaminou um corpo saudável. Ela se relaciona com a ideia, enraizada de forma profunda na história do pensamento político, do coletivo como uma espécie de organismo, que costumava ser chamado de "corpo político". Nas análises contemporâneas, o corpo da democracia foi invadido por micróbios ou parasitas que se alimentam dele em benefício próprio. Se não gerar anticorpos suficientes para repelir os invasores ou se o sistema autoimune estiver muito fraco, o corpo vai murchar e morrer.

Insistindo nessas analogias, vamos imaginar que a ação do faroeste gira em torno de um povoado que costuma ser atacado por *bandidos* locais. Os lavradores que moram lá (os 99%) trabalham arduamente para sobreviver, mas tudo que ganham é tirado deles por um bando de ladrões que não servem para nada, mas possuem o monopólio do uso da força (o 1%). Como eles podem escapar desse círculo vicioso? Os lavradores concluem que a salvação só pode ser alcançada em uma ação conjunta com os *outsiders* políticos e saem à procura de gente que possa ajudar. Eles retornam com um grupo desengonçado de rebeldes, liderados por uma figura carismática, para desafiar os bandidos e restaurar a justiça. O que temos aqui? Os aficionados por faroestes vão registrar uma semelhança passageira com *Sete Homens e um Destino*. Mesmo gênero, enredo diferente. A diferença? A ideia de que uma força externa é necessária para remediar uma situação injusta.

Na metáfora do corpo, uma contra-analogia adequada pode ser um homem que está sofrendo de uma doença crônica e se vê ligado a uma máquina de suporte à vida. A médica informa que, sem uma intervenção radical, suas chances são mínimas. Sem a intervenção é provável que ele não chegue muito longe. Mas há, diz a médica, um medicamento poderoso que poderia revivê-lo; ela não tem certeza se vai funcionar, mas seu estado de saúde é tão grave que, na opinião dela, vale a pena correr o risco. Esse é o princípio da quimioterapia: uma substância poderosa, mas potencialmente tóxica, é introduzida no corpo para produzir melhoras e, tomara, um retorno à saúde plena.

Essas analogias chamam nossa atenção para a centralidade da crise ou nos trazem um sentimento de urgência sobre como podemos pensar no populismo, nas razões de seu aparecimento e em seus possíveis efeitos. Se acharmos que, no fundamental, a democracia contemporânea é saudável, que funciona no melhor interesse dos cidadãos ou, talvez, que não pode ser melhorada ("a menos má dentre as formas de governo", para citar, sem grande precisão, Winston Churchill), o populismo aparecerá como um flagelo, não importa a disposição ideológica de qualquer movimento ou partido particular. Se, no entanto, nossa percepção é a de que o sistema é menos que saudável, é marcado pela injustiça, e os que estão no comando são incompetentes, ineficientes ou agem em interesse próprio, não no interesse da sociedade, o populismo assume um outro aspecto. Dependendo de nossos valores e nossa orientação, podemos achar que, sem uma dose de política vinda de fora da ordem tradicional, nada vai mudar. A crise continuará e a ameaça de colapso social vai estar à espreita. O ponto onde concluímos este debate tende a refletir o ponto onde começamos. Se estamos basicamente interessados em documentar o que o populismo é, parece fácil concluir que o populismo é distinto da democracia, e não de um modo positivo. Parece diferente, soa diferente e é diferente, comparado à política democrática comum, trivial. É mais ruidoso, mais turbulento, mais apaixonado e mais chegado ao confronto. Naturalmente, nessa base, o populismo parece uma ameaça à democracia.

No entanto, se estivermos interessados em saber *por que* surge o populismo, poderemos sem dúvida acabar tirando uma conclusão muito diferente. Quando perguntamos por que, somos atraídos para a crise que aflige as sociedades democráticas. O populismo surge menos como ameaça à democracia e mais como resposta à crise. Quando as coisas parecem estar desmoronando, as pessoas se tornam receptivas a partidos e movimentos que prometem um novo começo. Saber se essa "coisa nova" resulta em melhoria depende em grande parte de concordarmos ou não com a análise do partido ou movimento em questão, em particular com sua análise das fraquezas e deficiências do sistema. Certamente, alguns populistas (mas não todos) têm uma relação um tanto traiçoeira ou ambígua com a democracia. De fato, alguns movimentos e partidos populistas foram inspirados por queixas bem divulgadas e amplamente compartilhadas sobre como e para quem a democracia contemporânea funciona. Isso nos leva de forma clara a uma segunda consideração importante: achamos que existem diferenças significativas entre os populismos da extrema direita e os populismos da esquerda radical?

O que é perceptível na abordagem de muitos que argumentam que o populismo é uma ameaça à democracia é o repúdio *implícito* e ocasionalmente *explícito* da diferença entre movimentos e partidos da extrema direita e aqueles da esquerda. O "repúdio implícito" envolve o uso de "populismo" para cobrir tanto as variedades da esquerda quanto da direita, mas apenas se referindo a exemplos de direita, de modo que as variedades da esquerda são cobertas por associação, antes que por referência direta. Essa tendência é particularmente nítida na mídia, onde o populismo, para todos os efeitos práticos, tem se tornado sinônimo de partidos de extrema direita, autoritários, nativistas, anti-imigrantes e racistas. Quando ouvimos falar em "insurreição populista", "ameaça populista", "maré do populismo" e assim por diante, na maior parte do tempo o escritor tem em mente os movimentos autoritários da direita. Isso também pode ser uma característica da literatura de estudos do populismo, que tende a se basear de forma predominante em exemplos de movimentos e partidos de extrema direita para ilustrar o que consideram ser a natureza do populismo. Para começar, o populismo de extrema direita tem maior presença que o populismo de esquerda. Também tem durado mais tempo, apesar dos *narodniks* russos.

Para dar um exemplo, já discuti mais de uma vez que a liderança é retratada em partidos populistas como sendo baseada em um culto à personalidade. A dedução é que o partido está subordinado ao líder, o contrário do que acontece no *mainstream* político. Isso é extremamente verdadeiro quando se trata de partidos de ex-

131

trema direita, como o Partido da Liberdade de Wilders ou o Agrupamento Nacional de Le Pen, mas não funciona tão bem com partidos populistas da extrema esquerda. O *Podemos*, na maior parte de sua breve história, teve um triunvirato (mais recentemente um duunvirato) como liderança para evitar a concentração de poder nas mãos de uma só pessoa. O *Syriza* é uma coalizão de forças em grande medida unidas pela diplomacia e pelo pragmatismo de Tsipras, não por qualidades normalmente associadas a populistas. Se, a título de argumentação, incluirmos Corbyn e Sanders como populistas (como a mídia tende a fazer), a evidência ainda parece fraca. Sanders tem seguidores no Partido Democrata, mas foi incapaz de ganhar a indicação contra uma candidata do sistema. Corbyn sem dúvida criou um séquito leal, em particular entre os jovens e os novatos em política, mas seus colegas parlamentares anseiam pelo momento em que poderão destituí-lo e retornar a um líder mais "sensato" do *mainstream*.

Há dois tipos de reação a esses problemas. Primeiro, podemos argumentar que a explicação dominante do populismo é concebida de forma demasiado estreita e precisamos reconhecer que o populismo não representa uma grande ameaça à democracia. Em segundo lugar, podemos ser mais explícitos sobre que tipo de populismo estamos discutindo quando tentamos compreender como é provável que partidos e movimentos afetem as sociedades em que surgem.

Essa segunda preocupação tem levado vários especialistas a esclarecer, para evitar confusão, o uso que fazem do termo populismo. Pippa Norris, por exemplo, deixa claro na sua discussão em *Cultural Backlash* que está interessada em "populismo autoritário", distinto de populismos liberais ou de esquerda, com base no fato de que existem diferenças significativas entre a extrema direita e a esquerda radical, tanto em termos de valores quanto de metas e objetivos. É um gesto revelador. Em sua opinião, o populismo em si mesmo não é autoritário, mas pode facilmente ser associado ao autoritarismo para produzir uma determinada política. Isso implica que o populismo poderia ser associado, digamos, ao liberalismo (por exemplo no caso do presidente Macron) para produzir um tipo muito diferente de política, um tipo que representa pouca ou nenhuma ameaça à democracia — ou, na verdade, que ajuda a reforçá-la contra forças antidemocráticas.

O "repúdio explícito", ao contrário, é uma abordagem que não vê diferença substancial entre extrema direita e extrema esquerda e, portanto, que acredita que o populismo pode ser usado na descrição de ambas. UKIP (Partido de Independência do Reino Unido) e *Podemos*, Farage e Iglesias são dois lados da mesma moeda. Alguns são tão ruins quanto os outros e todos são uma ameaça à democracia. Por quê? Porque são *outsiders*, não são partidos do sistema. São críticos do *status quo*. Querem mudar a natureza e a percepção do sistema político de aberto, pluralista e tolerante para fechado, monista e intolerante, em geral com uma figura de proa carismática que afirma saber o que as pessoas querem antes que elas mesmas descubram. Nessa leitura, o populismo tem uma "lógica interna" ou uma ideologia tácita que leva a política em uma certa direção: para longe da democracia.

A dificuldade é encontrar casos que se ajustem à análise. Embora grande parte da descrição combine com os populismos de direita, a evidência é mais fraca quando aplicada a casos contemporâneos de esquerda. Sem dúvida, há exemplos no mundo em desenvolvimento de líderes de esquerda demonstrando tendências autoritárias, como Chávez e Maduro na Venezuela. É, no entanto, mais difícil obter amostras de democracias avançadas. Alguns se preocupam, por exemplo, com o que veem como enfraquecimento da democracia interna no Partido Trabalhista de Jeremy Corbyn pela mobilização de grupos de apoio, como o *Momentum*, para não reeleger ocupantes dos atuais assentos no Parlamento, substituindo-os por candidatos mais radicais. Jean-Luc Mélenchon também é regularmente acusado de tendências demagógicas ou messiânicas pela mídia francesa, e *La France Insoumise* pode parecer uma extensão do seu perfil pessoal, tal o domínio que ele parece ter sobre suas mensagens e seu enfoque. Mas figuras populistas de esquerda no poder têm ainda de mostrar um apetite por práticas autoritárias, fechando instituições independentes ou subjugando a sociedade civil por meio da ampliação de poderes policiais, como têm feito figuras de direita como Viktor Orbán. É uma questão de tempo para que o façam? Podemos esperar que os populismos de esquerda desenvolvam a mesma intolerância com relação à democracia que os de direita?

Talvez. Mas, até o presente, os indícios são fracos. E são fracos por uma razão: a recente ascensão do populismo de esquerda pode, pelo menos em parte, ser atribuída à ideia de que a democracia tem sido minada pelo clientelismo, pelo nepotismo, pela corrupção e, portanto, precisa ser fortalecida e tornada mais substancial. Se existe algum tipo de programa oculto para subverter e ameaçar a democracia, os populistas estão fazendo um bom trabalho dissimulando suas verdadeiras intenções. Se a verdadeira intenção deles é enfraquecer ou solapar a democracia, podemos esperar uma reação tanto de seus partidários quanto dos cidadãos nas urnas eleitorais. Se aprendemos alguma coisa com a ascensão de movimentos e partidos populistas é que os cidadãos não demoram a se voltar contra políticos que não cumprem o que prometeram ou que abusam da confiança depositada neles. É improvável que um partido populista de esquerda que praticou ataques contra as liberdades fundamentais, que manteve o clientelismo, que não conseguiu enfrentar as causas que levaram à austeridade conserve seus partidários. Até agora, então, os populismos de esquerda contemporâneos parecem emergir de uma base diferente dos populismos de direita, têm metas e objetivos diferentes e recorrem ao apoio de forças sociais diferentes. Chamar, em suma, um partido ou movimento de "populista" não nos diz muita coisa sobre seus valores, perspectivas e crenças.

Isso nos leva a uma última possibilidade, que estive discutindo na segunda metade deste capítulo em meu exame da contribuição de Laclau. "O povo" é o sujeito da política democrática e o único marco para autorizar e legitimar o que é feito em seu nome. A implicação é que o populismo não tem um conteúdo específico. Não descreve um conjunto de resultados, políticas ou posições que nos permita dizer que isso é direita e isso é esquerda. É, mais propriamente, uma forma de política que fala às pessoas em nome do povo como meio de colher apoio para um projeto político.

O populismo *pode* ser uma ameaça a valores e processos democráticos, mas também pode ser um meio para a *expansão* da democracia. Uma vez que para Laclau não há como uma estratégia política ganhar força sem ser populista, conclui-se que o populismo em si não é democrático nem antidemocrático. É simplesmente como as propostas são articuladas em condições democráticas. Essas propostas podem ser autoritárias ou nativistas, ou podem ser a demanda por uma forma mais aberta e pluralista de democracia. Não há outra maneira pela qual a demanda pela renovação da democracia pudesse ser articulada de modo eficaz, isto é, como meio de conquistar apoio para um partido ou movimento, *exceto* com base na afirmação populista de que o povo precisa ou quer mais democracia.

Isso depõe contra o modo como o populismo é discutido em boa parte da grande mídia. Para eles, o populismo está ameaçando porque representa ideias, movimentos e líderes fora do *mainstream*. Para Laclau, no entanto, o populismo não está nem "dentro" nem "fora"; é apenas nosso modo de expor reivindicações em condições democráticas. Ele se torna "de fora" quando se alia à ideia de elites trabalhando em oposição às necessidades e aos interesses "do povo". Mas há muitas narrativas diferentes de como as elites nos decepcionaram. Podem esses movimentos ou partidos se mostrarem uma ameaça à democracia?

Podem. Não será, no entanto, porque são populistas. Será pelo fato de buscarem políticas que eliminem o debate, ameacem instituições e neguem as liberdades civis essenciais. O populismo é uma estratégia para ganhar e manter o poder, não uma receita ou um guia para o que acontece com o poder. O guia se encontra nos valores e crenças do movimento ou partido que emprega uma estratégia populista, não no populismo em si.

Conclusão

A questão de saber se o populismo é uma ameaça à democracia sem dúvida alguma é urgente. Claro que falar de uma insurreição populista nos faz querer entender a natureza da ameaça subjacente. Como vimos, no que diz respeito à opinião dominante e certamente à grande parte da mídia, essa ameaça é clara e presente. Como poderia não ser quando, por definição, o populismo representa uma ruptura no circuito democrático? O populismo é uma forma de política exótica; coloca o povo contra as elites, contra aqueles encarregados de administrar o sistema.

Apesar da predominância de análises do populismo que o veem como uma ameaça à democracia, é possível, e talvez necessário, para nos ajudar a pensar sobre as causas do populismo e no que devemos fazer a seu respeito, equacionar a questão de forma mais ampla. Talvez devêssemos parar de ver o populismo como algo para o qual "eles" são atraídos, algo que *outsiders* exibem, algo que só apela para a margem. A crise está produzindo populismos. Está incitando os cidadãos a procurar esperança, quando não redenção. Com a crise vem a oportunidade, enquanto velhas verdades e velhos modos de fazer coisas ficam sob escrutínio. O populismo pode ajudar a promover a causa da renovação democrática ou pode estar nas mãos de gente com objetivos muito menos benignos. Ele não dita um tipo particular de resultado ou uma visão específica; em vez disso, determina um certo tipo de estratégia política baseada na mobilização de cidadãos por trás da ideia de mudança ou renovação.

Ameaça ou renovação? A resposta que damos à pergunta será moldada não apenas pelas definições e pelos enfoques de diferentes escolas de pensamento, mas pelo fato de acharmos ou não que a crítica populista é justificada e se é provável que as soluções oferecidas por partidos e movimentos levem a resultados positivos. Isso não é bem o mesmo que dizer que "é apenas o nosso ponto de vista". Na realidade a resposta vai depender da nossa percepção de até que ponto a democracia está se saindo bem.

Essa percepção é com frequência moldada por onde estamos com relação ao ponto em que o poder se encontra em nossas sociedades. Se somos beneficiários das estruturas atuais, podemos perfeitamente sentir a necessidade de mudança com muito menos urgência que aqueles que se sentem prejudicados, sem emprego, com aposentadoria negada ou sem possibilidade de reclamar. A crise parece diferente e é sentida de modo diferente em função de como estamos nos saindo e de quais são nossas expectativas. Pessoas como eu, com empregos permanentes e confortáveis, podem muito bem estar preocupadas com a ruidosa mensagem do populismo contra o *establishment*. Por outro lado, pessoas que foram despejadas de suas casas ou que foram despedidas podem se perguntar: "O que os que estão no poder já fizeram por mim?".

Isso nos lembra que, apesar de toda a conversa sobre o populismo como uma *causa* de crise, como um agitador de paixões e emoções, não chegamos muito longe em sua compreensão sem nos referirmos a sentimentos de perda, impotência, insegurança e precariedade. O populismo não inventou as condições que geram tais sentimentos, mesmo que se alimente deles. Tire a crise e o populismo fica sem tração e energia. Apelos extravagantes ou emotivos ao povo vão parecer excessivos. Mas coloque ameaça, medo e um sentimento de alienação da classe política na mistura, agite-a com uma presença cada vez mais estridente na mídia das questões que nos desafiam e a probabilidade de o populismo ganhar terreno aumenta de forma dramática. As percepções são tudo; não demorou para o como e por quem nossas percepções são moldadas se tornarem um assunto vital para todos os interessados na atual direção da política. É uma questão complexa, tornada ainda mais complexa pela "nova galáxia midiática" criada pela proliferação de tecnologias digitais que aumentam de forma considerável a capacidade de pessoas de todo tipo, não apenas as elites, projetarem suas mensagens, influenciarem opiniões e produzirem resultados inesperados. Estará essa profunda mudança na ecologia da mídia, em quem faz a informação, com que ferramentas e com que objetivos, tornando mais difícil discernir o que é verdade e o que é falso? Estamos nos tornando joguetes de interesses poderosos que procuram usar as crises para objetivos nefastos? Está nossa nova era de pós-verdade solapando a democracia e abrindo caminho para populistas, de qualquer matiz, assumirem o comando?

5

O Populismo é uma Variedade de "Política da Pós-verdade"?

Desde a insurreição populista de 2016, muitos comentaristas e analistas têm mostrado um grande interesse pela "pós-verdade" — o surgimento de uma cultura de mentira sistemática, falsidade, fraude e *fake news*. Os episódios da rebelião parecem estar ligados ao surgimento de figuras e movimentos políticos que desafiam a veracidade das conclusões estabelecidas, das posições dos especialistas, da sabedoria recebida acerca de uma variedade de problemas. Não se trata apenas de insurreição contra um estilo particular de política; é uma insurreição contra os pontos de vista que têm informado nossa visão da política, sobre quais deveriam ser as prioridades de nossos governos, sobre a natureza do mundo que está sendo criado pela globalização e sobre a sensatez dos grandes fluxos de pessoas, para citar somente algumas áreas que antes pareciam incontestáveis.

O populismo introduziu um estilo de política mais combativo, que além de desafiar argumentos e posições rivais, afirma que eles são falsos. Faz isso tanto desafiando fatos quanto produzindo "fatos" alternativos quando estes se mostram necessários ou desejados. A campanha de Trump foi marcada por alegações de todo tipo contra Hillary Clinton com base em indícios que pareciam muito frágeis, mas que foram inflados e transformados em grotescas "verdades" por elementos que o apoiavam na mídia e, sem dúvida, pela franca manipulação orquestrada por partidários como Steve Bannon, que se tornou o principal estrategista de Trump. É sabido como a campanha pelo "sair" no referendo Brexit estampou em ônibus e *outdoors* afirmações sobre a quantidade de dinheiro que, no caso de sua vitória, seria trazido de volta da União Europeia e o renovado influxo de imigrantes que ocorreria na eventualidade da vitória do "permanecer".

Quando inspecionados, muitos desses "fatos" se mostraram fantasiosos. Eles no entanto pegaram, tornando-se parte do pano de fundo de propostas e contrapropostas que marcaram campanhas cada vez mais conflituosas. O que mais despertou o interesse dos comentaristas foi a manipulação descarada. Ao que parecia, nunca, no contexto do debate democrático, figuras e organizações políticas tinham fabricado estatísticas de um modo tão flagrante. Não se tratava de meros exageros ou distorções de um tipo familiar em campanhas eleitorais anteriores. Escorada nos canais de mídia que lhe davam apoio, era uma produção de inverdades projetadas para serem incutidas, para serem aceitas e passadas à frente pelo público.

Isso tem sido encarado como prova de que entramos na era da "política da pós-verdade", que teria, como se argumenta, consequências inovadoras e calamitosas. Democracias contam com honestidade, integridade e abertura à comprovação de propostas e contrapropostas para mostrar que aqueles que governam são responsáveis. Retire a verdade, manipule dados, espalhe falsidades e perdemos os atributos que singularizam as democracias como guardiãs daquilo que o filósofo Karl Popper denominou, de forma memorável, "a sociedade aberta". A questão-chave é a natureza da conexão entre essas ocorrências e o surgimento do populismo. Está o populismo nos levando para uma política de pós-verdade? Estarão Trump, Farage, Le Pen e suas "gangues" por trás dessa evolução dramática na natureza e no estilo da política? Está o surgimento de políticas de pós-verdade resultando em apoio e encorajamento de iniciativas populistas? Ou ambos são provocados por algum outro fator que está por trás de nosso ceticismo com relação ao *establishment*, aos especialistas e, mais amplamente, à autoridade?

A verdade sobre a pós-verdade

Não por acaso "pós-verdade" foi a expressão do ano do *Oxford English Dictionary* para 2016. Sua sorte parece atada, de forma inextricável, à insurreição populista. A "pós-verdade", no entanto, existe há mais tempo que ela; foi cunhada para descrever os eventos em torno do escândalo Irã-Contras no início dos anos 1990. Mas foi só na esteira dos exemplos flagrantes de atentados à verdade associados ao aparecimento de figuras populistas como

Trump e Farage que ela realmente se tornou comum — então por que pós-verdade e não simplesmente "mentira"? O fato que os comentaristas querem destacar é que mentir é episódico, enquanto a pós-verdade tem uma orientação para a verdade. Por que mentimos? Porque há alguma coisa a ser ganha não dizendo a verdade. Verdade e mentiras são duas faces da mesma moeda. "Ou ela está mentindo ou está dizendo a verdade." Quantas vezes já ouvimos essa frase na televisão ou no cinema? Mas o comportamento de Trump e de outros levanta uma questão um tanto diferente, daí a necessidade de um novo termo. O problema é o desprezo pela verdade, por saber se uma coisa realmente aconteceu, se outra coisa custa *x* ou *y*; o problema é o modo como a verdade passou a ficar subordinada a objetivos políticos imediatos e de longo prazo.

Pense no conhecido ônibus de campanha do "sair" no referendo Brexit. Nele estava estampada a alegação de que, ao sair da UE, o Reino Unido ficaria, a cada semana, 350 milhões de libras mais rico que na semana anterior, renda que seria usada para sustentar o Serviço Nacional de Saúde. Era uma política atraente para muitos cidadãos sem uma saúde de ferro. Os comentaristas, porém, apontaram que esse valor não levava em conta a soma que o Reino Unido *recebe de volta* da União Europeia, devido sem dúvida aos esforços de eurocéticos anteriores, como a sra. Thatcher. O ônibus da campanha devia ter declarado que o Reino Unido ficaria em torno de 150 milhões de libras mais rico. A soma precisa de dinheiro não é realmente o problema; o argumento continua sendo o mesmo. A Grã-Bretanha devia sair da União Europeia porque ela paga grandes somas de dinheiro a

143

uma burocracia estrangeira cuja principal função parece ser criar meios cada vez mais irritantes de gastar o dinheiro de sobrecarregados cidadãos do Reino Unido.

Outro exemplo é a referência feita por Trump, em 2017, a um ataque terrorista na Suécia para justificar a limitação do número de refugiados. Era parte de um pacote de medidas para tranquilizar os americanos preocupados com o aumento da ameaça do extremismo islâmico. "Temos de manter nosso país seguro", disse ele a partidários em um comício na Flórida. "Vejam o que está acontecendo na Alemanha, o que aconteceu ontem à noite na Suécia [...] Eles receberam muitos refugiados. Estão tendo problemas que nunca acreditaram ser possíveis." À primeira vista tudo bem, só que o ataque terrorista jamais aconteceu, como foi de imediato confirmado por fontes do governo sueco. Isso não importava para Trump e não parecia importar para seus partidários. Por quê? Porque a mensagem latente na afirmação continuava sendo válida, na medida em que refletia a opinião de muita gente. Claro, nenhum ataque ocorreu na Suécia. Talvez Trump tenha confundido com a Noruega, a Dinamarca ou algum outro país. Pouco importava: "Sabemos que ataques desse tipo ocorrem em todo lugar e precisamos estar supervigilantes, tomando as medidas necessárias para impedir que aconteçam nos EUA". Para os oponentes de Trump, era uma mentira flagrante; para seus partidários e, é claro, muito possivelmente para o próprio Trump, era um erro, um descuido, um leve exagero ou um deslize induzido pela fadiga que, ainda assim, tinha a sua validade, pois apontava para um problema real. Podia ter sido visto como uma mentira descarada, mas, em um contexto em que a função da verdade é servir a propósitos políticos maiores, perdemos contato com a ideia de que mentir é o ato consciente de não dizer a verdade. Esses exemplos ilustram aspectos importantes da "pós-verdade". Ela tem uma qualidade diferente do mentir; mentir implica uma certa precisão, no conhecimento e na percepção da intenção de enganar. A "pós-verdade" descreve um mundo em que qualquer um pode dizer o que quiser, se servir às suas necessidades e aos seus propósitos. Em relação às virtudes que queremos ver em nossos líderes, a honestidade e a integridade declinam em favor da eficácia, do impacto e do carisma. Como isso aconteceu? Como chegamos a uma situação em que os cidadãos se sentem bem em apoiar políticos, figuras públicas e campanhas que têm um arrogante desprezo pela verdade?

Devemos culpar o pós-modernismo e o relativismo?

Um refrão persistente dos críticos da pós-verdade é que acadêmicos e intelectuais, os tradicionais guardiães do conhecimento, fizeram o que puderam, a partir de sua posição privilegiada nas torres de marfim das universidades de elite, para minar a objetividade da verdade. Esses críticos estão cutucando a popularidade de um ramo particularmente cético das humanidades: o "pós--modernismo". O pós-modernismo está associado a um grupo de pensadores franceses de sonoridade exótica de meados do século XX, figuras como Jacques Derrida, Jean-François Lyotard e Michel Foucault, todos ainda desfrutando de ótima reputação. Eles tomaram como ponto de partida a filosofia niilista de Friedrich Nietzsche, famoso por um conciso aforismo: "Deus está morto!". Nietzsche era flagrantemente cético com relação às reivindicações de verdade. A verdade, disse ele, não é mais que "um exército de metáforas em movimento". Isso implica que o que tomamos por verdadeiro não está baseado em uma realidade objetiva, mas na força, ou na persuasão, da linguagem. Aliás, os fortes criam a verdade e o fazem para justificar seus valores e sua visão de mundo. Nesse sentido, a verdade de uma declaração é mais uma função dos propósitos a que ela serve do que a realidade que descreve. Soa bastante como Trump e a história do terrorismo sueco.

Para seus interlocutores franceses, a percepção de Nietzsche sobre a relação entre verdade e poder veio para fundamentar uma ou outra variedade de relativismo, ou assim alegaram eles. Derrida desenvolveu uma filosofia que enfatiza como a linguagem e, por extensão, a verdade funcionam por meio do "jogo da diferença" entre termos, em vez de mapear uma realidade objetiva. Lyotard é bem conhecido por ter cunhado a expressão "condição pós-moderna" para descrever o mundo que estava à sua volta nos anos 1970, um mundo marcado pela "incredulidade com relação às metanarrativas"; uma perda de fé na qualidade objetiva das ciências, das ideologias, da religião. Foucault incitava os intelectuais a se livrarem da obsessão com verdades universais ou objetivas em favor de um método histórico que mostra como a verdade é construída para servir a determinadas necessidades.

Para os críticos do pós-modernismo, isso encoraja o ceticismo acerca da objetividade e da distinção entre versões verdadeiras e falsas da realidade. Tudo é reduzido a mera narrativa. Quem for capaz de tecer a história mais persuasiva, mais atraente, se estabelece como um contador da verdade. As tolices não são examinadas, as afirmações não são testadas, não há checagem dos fatos.

Tem sido ensinado a gerações de estudantes que não há realidade objetiva e que eles precisam se concentrar no estilo e nas artes da persuasão por meio do floreio retórico. A verdade se torna o que quisermos que ela seja. O pós-modernismo e o relativismo são, portanto, cúmplices na criação de uma atmosfera de ceticismo sobre a verdade. Perdemos a vontade de desafiar as mentiras com base na existência de uma verdade ou uma realidade contra a qual pudéssemos aferir a veracidade de qualquer declaração. Estamos desamparados diante da "pós-verdade".

Inegavelmente, isso é empolgante. Há pouca dúvida de que argumentos como esses sejam a cada dia praticados nos pátios e anfiteatros de muitas de nossas renomadas universidades, onde reivindicações sobre a verdade são testadas e os estudantes encorajados a assumir uma postura crítica com relação ao conhecimento. Existe, no entanto, um risco não só de exagerarmos o impacto de rumos e tendências intelectuais, mas também de confundirmos causas e efeitos.

Com relação ao seu impacto, pós-modernismo e relativismo podem muito bem estar em moda numa pequena área das ciências humanas, mas ideias como essas já foram há muito repudiadas em outras partes da academia. Há poucos pós-modernos nas faculdades de engenharia ou medicina. O positivismo e o método científico reinam praticamente inquestionáveis entre as ciências e as ciências sociais; como a frase escrita em uma camiseta: "A ciência não se importa com o que você acredita!". Se estivermos à procura de fontes de ceticismo e insegurança, é improvável que elas sejam encontradas nas universidades hoje orientadas para as tecnologias e as profissões.

Falando de causas e efeitos, o subtítulo do mal-afamado livro de Lyotard, *A Condição Pós-Moderna*, deve nos alertar sobre a natureza das teses em seu interior: *Um Relato sobre o Conhecimento*. É um relato sobre como o ceticismo e o relativismo se implantaram em nosso pensamento. O ceticismo com relação à teologia ("Deus está morto!") se expandiu para o ceticismo com relação a outros tipos de "metanarrativa", como o Marxismo, levando-nos ao que Lyotard chamou, num tom brincalhão, um tipo de "paganismo". O pós-modernismo é uma condição, um estado de espírito, um comportamento para o mundo compartilhado por cidadãos que não acreditam mais na realidade suprema, na fundamentação das ideologias ou mesmo da ciência.

Desse ponto de vista, seria mais correto dizer que os pós-modernistas são cronistas do declínio da verdade objetiva, em vez de defensores da relativização da verdade. Culpar o pós-modernismo pelo aumento do ceticismo com relação à verdade é como culpar uma luz de advertência por uma falha no motor. A luz não é a causa da falha; a "falha" é o aparecimento de um maior ceticismo com relação a verdades recebidas, com relação à ideia de Deus, ao direito divino dos reis, à objetividade da Bíblia e à "ordem natural" — nada disso foi produzido pela "luz", isto é, pelo pós--modernismo.

Outro ponto a ter em mente é que a pesquisa de "fatos" chegou a ser comemorada como parte do legado da Renascença, do Iluminismo e, ironicamente, das revoluções democráticas dos séculos XVIII e XIX. A modernidade foi erigida sobre o ceticismo e a dúvida acerca da natureza do mundo externo, que se traduzia em uma profunda curiosidade para entender o lugar da Terra no sistema solar, a circulação do sangue no corpo, a justificativa para a monarquia, e assim por diante. Longe de ser uma coisa que solapa tradições e abordagens inerentes ao progresso científico, tecnológico e social, há uma razoável tendência para ver o pós-modernismo em harmonia com elas. Sem o ceticismo, ficamos escravos do fundamentalismo e dos sumos sacerdotes da Verdade religiosa ou (pseudo)científica.

O conhecimento especializado está morto?

O que os pós-modernistas de fato querem afirmar é que estamos coletivamente nos tornando mais céticos e ficamos menos impressionados com as teses de "especialistas", por mais bem qualificados, prestigiados ou aparentemente superiores que eles se mostrem em sua compreensão do mundo.

Voltando a Nietzsche, parte do seu argumento é que, na transição de sociedades feudais e pré-feudais para a modernidade, passamos de sociedades baseadas e organizadas pela ortodoxia religiosa para as baseadas no ideal secular do ceticismo em relação às reivindicações sobre a verdade, incluindo a reivindicação de que existe algum fundamento supremo da verdade. Esse ideal já pareceu útil em termos de gerar as práticas que associamos ao progresso científico. Popper, por exemplo, argumentava que a ciência seria impossível em sociedades fechadas, onde certas "verdades" são protegidas do escrutínio. A ciência depende de nossa competência para submeter todos os fatos, todas as formas de verdade, todas as proposições a teste. Tire isso e estamos de volta ao misticismo da crença religiosa, à teologia política e por aí vai.

Temos, é claro, uma espada de dois gumes, pois o que são os cientistas senão um tipo de especialistas? Aqui se encontra um dos paradoxos de nossa época. O ceticismo em relação à verdade é útil, porque nos encoraja a examinar e reexaminar de forma contínua os pressupostos segundo os quais vivemos e a adotar novas e melhores premissas quando as antigas se mostram deficientes ou falsas. É assim, segundo filósofos como Popper, que alcançamos progresso científico e, de forma mais ampla, progresso social. O problema é que isso também encoraja o ceticismo em relação a proposições que, por uma razão ou outra, poderíamos achar que deviam ser defendidas em nome de alguma meta ou de algum objetivo mais elevados. O exemplo contemporâneo clássico desse paradoxo é a mudança climática.

Segundo a grande maioria dos cientistas que trabalham na área, as evidências do impacto da atividade humana no clima não deixam margem a controvérsias. Dado o que está em jogo, precisamos deixar de lado nossas dúvidas e continuar adotando medidas e políticas capazes de manter as futuras elevações de temperatura abaixo de certo patamar. A ameaça de catástrofe ambiental deveria, em outras palavras, nos fazer superar a prática de considerar os fatos como proposições contingentes que podem ou não se revelarem verdadeiras quando posteriormente testadas. Precisamos aceitar — como fato real — que, a não ser que alteremos nosso rumo, o planeta não sobreviverá em uma condição que permita a existência humana. Ceder continuamente aos céticos que insistem em duvidar da realidade da mudança climática é condenar o planeta e a nós mesmos ao esquecimento.

A guerra contra os especialistas e a verdade tem consequências que vão muito além da habitual disputa política. Nessa visão, não escolhemos no que acreditar com base nos fatos; em vez disso, escolhemos os fatos que estão de acordo com nossos valores e crenças. Se um especialista diz algo que está de acordo com a nossa visão de mundo, ficamos felizes em respeitar sua posição, seu treinamento e seu aprendizado, mas, se apresenta fatos que entram em conflito com o modo como vemos as coisas torna-se um daqueles "especialistas" desprezíveis de quem devemos suspeitar. Para os que adoram rodar para todo lado em monstruosos veículos com tração 4 x 4, voando longas distâncias para reuniões de 30 minutos e o dia inteiro com o ar-condicionado ligado, é irritante ser informado de que isso está colocando o planeta em risco. "Mudança Climática: Antes Chamada de Tempo!", diz o adesivo no para-choque. Para os que não "acreditam" em mudança climática, nenhuma soma de indícios vai mudar seus modos de pensar. Fotos de ursos polares famintos ou enormes geleiras afundando no mar não vão convencê-los de que merecemos algum tipo de censura. Não passariam de outras "*fake news*" criadas por aqueles malditos "peritos" para justificar bolsas de pesquisa e confortáveis posições acadêmicas.

A facilidade de escolher em quem ou no que acreditar, de virar os fatos de cabeça para baixo, está muito evidente no discurso político populista de hoje. Michael Gove, um dos principais partidários do "sair" no referendo do Brexit, denunciou os economis-

151

tas do Tesouro por uma contínua atitude negativa com relação às prováveis consequências econômicas da saída do Reino Unido da União Europeia. Como as visões deles não estavam de acordo com a visão de mundo de Gove e sua crença de que a Grã-Bretanha devia "retomar o controle", ele os dispensou com um aceno de mão. Trump rejeita não apenas a mudança climática, mas os impactos ambientais em geral. Apela à rejeição do livre comércio, alegando que os Estados Unidos estão "sendo esmagados", apesar da opinião dos especialistas de que os EUA têm sido tanto o principal motor da globalização econômica quanto seu principal beneficiário.

O "viés de confirmação" é importante para entender essa interação entre fatos e valores. Dada a contestação dos fatos da mudança climática, do impacto da globalização, da natureza do comércio e assim por diante, tendemos a seguir nossas próprias crenças. Selecionamos os fatos que se encaixam em nossa visão de mundo, em vez de deixar que nossa visão de mundo seja determinada por fatos.*

A individualização das reivindicações de verdade é em geral coerente com a forma como os sociólogos veem a erosão da autoridade, da tradição e da sabedoria recebida como parte da tendência da modernidade para colocar a verdade em jogo. Nada de novo; essa tendência não foi notada apenas por Nietzsche, mas também, por exemplo, por Karl Marx. Descrevendo o mundo que estava sendo criado na década de 1840 pelo impacto dramático do capitalismo e da globalização, Marx foi levado a observar que "tudo

---

* *Viés de confirmação* é a tendência de interpretar ou pesquisar informações para que elas confirmem nossas crenças iniciais. (N. do T.)

que é sólido desmancha no ar. Tudo que é sagrado é profanado, e as pessoas são finalmente forçadas a encarar com serenidade sua posição social e suas relações recíprocas". Marx acreditava que, com a erosão das sabedorias recebidas, da religião e da ideologia em geral, seríamos capazes de ver como era a realidade "real": a exploração capitalista nas mãos da classe burguesa.

Era confiar demais no fim da ideologia. A erosão das compreensões herdadas não levou à consagração de uma verdade singular, como Marx esperava, mas a uma desconfiança mais ampla da verdade e daqueles que afirmam conhecer a verdade, fossem cientistas climáticos, economistas, políticos ou *apparatchiks* do Partido Comunista. "Individualizamos" a verdade. Transformamos a verdade em uma questão de validação pessoal por meio da experiência e da emoção. "*Acho* que é verdade?"; "Está de acordo com minha experiência de como as coisas funcionam?"; "As coisas estão melhores do que costumavam ser?"

Se nossa própria experiência do mundo nos ajuda a selecionar os fatos e nossas posições políticas, não devemos nos surpreender que a política de hoje seja, com frequência, construída sobre um afastamento da complexidade do mundo atual rumo a uma nostalgia pela solidez e pelas certezas do passado. É mais confortador encontrar consolo nas fábulas de como vamos recuperar um passado que era mais simples, mais puro e menos complicado que tentar abrir nosso caminho por matagais de explicações concorrentes. O populismo prospera com o desejo de uma simplificação do mundo, uma redução da complexidade a algumas tarefas fáceis de resolver, e com a oferta de uma visão, com frequência nostálgica, de um mundo onde a ordem foi restaurada. "Ponha a

França em Ordem", "Retome o Controle", "Faça a América Voltar a Ser Grande". Gestos simples, baseados em verdades simples e soluções ainda mais simples.

A internet tornou mais difícil separar fato de ficção?

Um fator-chave para quem procura explicar a ascensão da pós--verdade é o impacto da tecnologia digital na forma como vemos o mundo, como processamos a informação e como aqueles que desejam nos influenciar conseguem fazer isso sem nosso conhecimento ou envolvimento. Antes da internet, nossa compreensão do mundo era transmitida por meio de materiais publicados e da mídia de massa, dominada por um pequeno número de atores sociais, incluindo o Estado. Em vista dos custos de produção, eram as elites que determinavam o que víamos, líamos e assistíamos.

A internet mudou tudo isso. O monopólio do conhecimento exercido por um pequeno número de veículos de comunicação, universidades e instituições semelhantes foi rudemente derrubado por uma proliferação de fontes de notícias, postagens em blogues, vídeos do YouTube, postagens no Facebook, tuítes e assim por diante. Saindo da responsabilidade de uns poucos, a criação do conhecimento tornou-se uma atividade a que qualquer um podia se dedicar, com todos os riscos e oportunidades que isso implica.

Até bem recentemente, essa mudança era vista com grande entusiasmo pelos "utópicos tecnológicos", que aguardavam ansiosos a criação de uma nova "sociedade do conhecimento" seguindo linhas mais diretas, menos hierárquicas. Eles previam uma democratização do conhecimento, em que compartilhar informações de todo tipo de fonte nos permitiria construir uma imagem mais clara do que estava acontecendo à nossa volta. À medida que as fontes de notícias e informações se multiplicassem, nosso conhecimento do que acontecia no mundo seria melhor que durante a época do exclusivismo dos telejornais. Isso só poderia aumentar nossa compreensão e estimular soluções melhores, mais engajadas, de nossos problemas. Levaria a tomadas de decisão mais abertas, mais transparentes, enquanto as propostas dos que estivessem no poder passariam por um escrutínio de uma eficácia muito maior que antes. Se "conhecimento é poder", a maior circulação de conhecimento entre redes de cidadãos só poderia aumentar o poder desses cidadãos para influenciar e determinar o que é feito em seu nome.

Em *The Net Delusion*, Evgeny Morozov documentou com nitidez como as esperanças de que a internet desvendaria o mundo oculto das ditaduras, dos despotismos e das tiranias em todo o globo foram despertadas. A internet fornecia um meio de conectar, compartilhar histórias, formar grupos e, por fim, desafiar monopólios, fossem informativos ou políticos. A Revolução Verde no Irã, em 2009 e 2010, nos deu nosso primeiro vislumbre de um desafio à autoridade liderado pelo Twitter, seguido de perto em 2011 pela Primavera Árabe, a #15M e o *Occupy*. Ao mesmo tempo, o Wiki-Leaks expunha a atividade de diplomatas e agências de inteligência, lançando luz em um espaço sombrio, dando esperança de um estilo de governança mais transparente, mais aberto. O mundo parecia, como Paul Mason afirmou, estar "começando", estar explodindo da imensa energia potencial desencadeada pela revolução digital.

Os "utópicos tecnológicos" esperavam que a internet explodisse monopólios sobre a verdade e o poder. Os "cínicos tecnológicos" alertaram para um tipo diferente de potencial: o poder de gerar histórias, material e conteúdo projetados não para esclarecer mas, de um lado, para gerar receita e, do outro, para dar apoio a certos resultados políticos. Aqueles com espaços que recebiam pouca atenção e um desejo limitado de se envolver com a complexidade do mundo real engoliram a "isca do clique" de operadores cínicos querendo ganhar uma grana rápida. Muitas vezes, as "*fake news*" provaram ser o melhor meio de gerar tráfego. Elas submetiam uma sabedoria convencional a um rodopio dramático, fosse por meio de teorias da conspiração sobre o 11 de Setembro, o lugar onde nascera Barack Obama ou a ciência do clima; e eram críticas de qualquer coisa que alguém considerasse como "fato". A internet forneceu uma plataforma perfeita para todas as causas, por mais insólitas que fossem. Preconceitos floresceram no território virgem de um ambiente virtual em grande parte não regulamentado. Quanto mais estranha e selvagem a história, maior o número de cliques, mais influência, mais dinheiro.

Um efeito dessas novas mídias é o desenvolvimento de "câmaras de eco", onde os que cultivam uma hostilidade ou um interesse comum podem se congregar sem medo de serem desafiados. Acha que Obama é realmente aparentado com Osama? Aqui está um fórum, um *site*, uma sala de bate-papo onde podemos estar com outros que compartilham nossa obsessão e confirmarão nossas crenças. Longe da internet que nos levasse para uma visão única ou unificada da realidade "real", a acusação é que ela faz o oposto: alimenta a proliferação de microcomunidades de simpatizantes de crenças e preconceitos que se reforçam mutuamente. Em vez de nos compelir a nos reunirmos em uma conversa global sobre como o mundo funciona e o que podemos fazer coletivamente para melhorá-lo, a internet nos empurra para silos, tribos e grupos cada vez mais peculiares que confirmam nossos preconceitos, permitindo que nos mantenhamos abençoadamente isolados de outros pontos de vista. A capacidade do Estado ou de outras fontes tradicionais de autoridade para influenciar as opiniões e dar forma ao debate diminui. A proliferação de usuários da internet, o colapso de monopólios do Estado na radiodifusão e o declínio de jornais sérios tornam mais complexas a criação e a propagação do conhecimento. Estamos perdendo os pontos de ancoragem de uma compreensão compartilhada da realidade.

Os indícios, mesmo que não estejam livres de controvérsias, sem dúvida parecem apontar para uma mudança significativa na natureza da verdade, no modo como ela funciona, de onde vem e como circula e se implanta. Como expliquei, a transição da verdade para a pós-verdade certamente parece acompanhar de um modo específico o populismo. Um clima de ceticismo com relação aos especialistas e a outras fontes de opinião abalizada ajuda os populistas a contestar as narrativas do *establishment*, sejam elas sobre o clima, a globalização ou a migração. Visões exóticas parecem prosperar quando a opinião do *establishment* ou dos que nele atuam não possuem mais o peso que já tiveram. Teorias que podem ter parecido excêntricas, bizarras ou esquisitas podem ganhar força nessas novas condições e mandar para escanteio as opiniões dominantes.

157

A pós-verdade é nova? A internet acrescentou novas ferramentas ao repertório daqueles que desejam minar a confiança na autoridade, mas será mesmo que a manipulação da verdade e de imagens, as *fake news*, é uma novidade? Estamos diante de uma nova ameaça?

Verdade, mentiras e política: o que há de novo?

Ao ler os relatos sobre o desenvolvimento da pós-verdade, é fácil formar a impressão de que mentiras e trapaças sistemáticas são novidade na política. Ou, se não são novidade, talvez o que houvesse antes fosse um ou outro indivíduo mentindo para promover seus interesses ou para tentar esconder alguma infelicidade, um erro ou uma impropriedade. A imagem da política democrática que os livros clássicos gostam de enfatizar está centrada na busca do interesse público, com nossos representantes, os políticos, agindo com integridade e transparência para promover o bem coletivo. É instrutivo lembrar, no entanto, que alguns dos clássicos do pensamento político podem nos deixar uma impressão diferente.

Uma das obras mais antigas no cânone do pensamento político, *A República*, de Platão, escrita por volta do ano 400 a.C., oferece uma avaliação franca da centralidade das mentiras para a política. Platão defendeu o que chamou de "mentira nobre" para justificar o que, de outra forma, poderia ser considerado injustificável: uma ordem social desigual. Seu argumento era que apenas algumas pessoas são adequadas para governar. Nem todos possuem boa capacidade de julgamento, um senso do bem comum e um amor pela verdade — tudo parte da *technẽ*, ou técnica de governança. Alguns têm esses atributos, mas a maioria não. Como então explicar quem deveria governar e quem deveria obedecer? Devíamos nos limitar a dizer "você não é inteligente o bastante para governar" e esperar que o ouvinte de bom grado concordasse? É improvável que desse certo. A solução de Platão é as elites propagarem uma história sobre como algumas pessoas nascem com qualidades de ouro, outras com qualidades de prata e o restante com qualidades de bronze. Pessoas de ouro têm a inteligência, o discernimento e a integridade para governar como "reis filósofos", as pessoas de prata, ou guardiães, devem proteger a sociedade, e todas as outras devem dar conta dos trabalhos básicos. A presunção de que a mentira fosse contada de modo consistente, e com os melhores interesses do povo no coração, devia garantir seu apoio.

Da ideia de uma "mentira nobre" foi um curto passo para a visão dos primeiros teóricos modernos, como David Hume (1711-1776) e Jean-Jacques Rousseau (1712-1778), de que toda sociedade precisa de algum tipo de "mito de fundação" para explicar por que algumas pessoas governam e todas as outras obedecem, por que temos monarquias, por que algumas pessoas são ricas e outras pobres. A verdade, se contada, nos levaria a um sombrio reino de conquista, escravidão e genocídio, o que nos faria questionar a legitimidade da ordem existente. Era melhor, pelo bem de todos, dissertar sobre esse lado negro com a inserção de histórias pragmáticas sobre "contratos sociais" sendo celebrados e revoluções "gloriosas", fruto de imaginária insurreição popular.

Mentiras são necessárias, não só para encobrir a origem das sociedades e das ordens políticas, mas também para defender os interesses do Estado e, por extensão, os do povo. O filósofo florentino Nicolau Maquiavel (1469-1527) — cujo nome deu origem ao popular adjetivo "maquiavélico", usado para descrever um comportamento politicamente astuto, ainda que questionável — insistia que as elites tinham uma licença para mentir, agir de forma antiética e, em geral, pôr de lado uma pureza de propósito, de modo a promover as necessidades e os interesses do coletivo.

Sentimentos como esses tornaram-se a base das doutrinas da *realpolitik* e da *raison d'état* (razão de Estado), que se tornaram amplamente aceitas no início do período moderno. Essas doutrinas argumentam que Estados e governantes não podem se dar ao luxo de serem virtuosos ou deixar que considerações morais e éticas ditem como devem agir em todas as circunstâncias. Em vez disso, precisam estudar como produzir o melhor resultado possível com os recursos disponíveis. Se isso significa ter de recorrer a métodos dissimulados, ter de mentir ou trapacear para promover a causa maior, que assim seja feito.

As ideias de Maquiavel sustentam o que hoje é chamado de visão "realista" de como a política funciona. Em um mundo de competição implacável por recursos escassos, a política se torna um procedimento de mobilizar tudo que está à disposição para garantir a segurança e o bem-estar de nosso próprio grupo, nação ou Estado. As pessoas vão amá-lo não por você ser o líder mais ético, mas por ser o líder mais eficaz. Isso significa dar a elas o que elas querem: dinheiro, saúde e segurança. Todo o resto pode ser considerado como prioridade de segunda ordem. Se os militares precisam usar a tortura para extrair confissões de supostos terroristas, que assim seja. Se precisamos suspender o *habeas corpus* para soldados estrangeiros, que pena. Se precisamos nos libertar dos protocolos e das obrigações internacionais para promover o interesse nacional, vamos em frente. Não fazer isso é permitir que nossos princípios, que nossos valores ameacem a segurança da nação. Precisamos é de "vitórias", não de aplausos por bom comportamento das Nações Unidas.

Mesmo essas breves vinhetas já dão uma ideia de um modo de pensar que é surpreendentemente comum, não apenas entre teóricos políticos, mas também entre os que praticam a política ou comentam com regularidade sobre ela. A política seria uma atividade profundamente imperfeita ou comprometida. Está construída com base em mentiras na forma de mitos de fundação. A atividade antiética e imoral é encoberta onde se promovem metas políticas. Verdade e moralidade viram reféns das necessidades maiores do Estado, do interesse pessoal dos políticos, da necessidade de defender cidadãos que tomaram decisões difíceis com resultados imperfeitos. É por essa razão que nenhum político moderno está completo sem um pequeno exército de "marqueteiros" que procuram mostrar seus candidatos e seus históricos sob a melhor luz possível, não obstante as inevitáveis manchas, os esqueletos no armário, as infelicidades e os fracassos com os quais podem estar associados. Como costumam comentar os especialistas, a política tem se tornado cada vez mais um jogo de marketing, uma tarefa alquímica de transformar imperfeição, besteira e mediocridade em "ouro" na forma de um candidato, programa ou resultado bem--sucedidos.

Desse ponto de vista, é difícil imaginar que Trump, Gove, Farage, Le Pen *et al.* representem uma ruptura com a herança da política. Mentiras, falcatruas e propostas extravagantes não são absolutamente novas; fazem parte do intercâmbio rápido e espirituoso da vida política. O que talvez seja novo é a indiferença, a descontração ao ser apanhado mentindo, exagerando ou inflando "fatos" para atender a necessidades políticas imediatas. Isso pode não ser prejudicial em um contexto em que as expectativas de integridade na vida pública já são pequenas e em que o público está receptivo a determinado tipo de mensagem política.

Quando já é mais ou menos esperado que nossos políticos mintam, enganem e acabem se comportando segundo as regras da sarjeta, cabe a eles o ônus de fazê-lo com algum estilo, com carisma e "autenticidade". Parece que mesmo as manchas maiores serão perdoadas pelo público se ele gostar da mensagem final; se ela for sensível a suas necessidades e seus interesses. Como observou uma jornalista baseada nos EUA, Salena Zito, quando Trump fala "a imprensa o toma em sentido literal, mas não o leva a sério, enquanto seus partidários o levam a sério, mas não em sentido literal". Isso resume a questão em poucas palavras. Trump é uma preocupação para aqueles que pensam que figuras públicas deveriam ser pessoas sérias, sinceras, comprometidas em dizer a verdade, não importa o que seja. Ele é muito menos preocupante para quem está procurando uma história otimista sobre como os EUA vão voltar a se colocar de pé.

Nada disso exclui que os políticos possam se comportar de forma ética e até mesmo que ponham a ética na dianteira de suas preocupações imediatas. Significa apenas que o desempenho deles deve combinar com a mensagem. Se alguém acha que as elites se curvaram a interesses estrangeiros, foram fracas e vacilaram diante de ameaças e terrorismo, dificilmente essa pessoa vai olhar com desconfiança para um líder cujo principal argumento é que devemos fazer *qualquer coisa*, incluindo trapacear, mentir e permitir a tortura, se isso aumenta nossa probabilidade de ganhar.

Manipulando dados, imagens e o registro histórico: um passado sórdido

Grande parte do poder da tese da pós-verdade reside em sua exposição de um mundo em que somos enganados, onde as afirmações são exageradas e onde as mentiras e os exageros são reforçados, em termos visuais e emocionais, pela manipulação de dados e imagens. Sites de *fake news* propagam histórias fabricadas, usando técnicas digitais para alterar rostos e lugares. Os canais do YouTube misturam conteúdo digital para tentar nos fazer mudar de ideia sobre um problema, convencendo-nos de que algo aconteceu ou não aconteceu. Fotos são alteradas para deixar impressões favoráveis, desde o tamanho da multidão na posse de Trump até a espessura de seu cabelo. A verdade definha sob o ataque de ativistas capacitados digitalmente que promovem uma visão alternativa do mundo.

Sem a menor dúvida, isso preocupa. Mas para os que têm algum interesse na evolução da administração de notícias e da propaganda ao longo do século XX, tudo possui um tom muito familiar. Grande parte dessa reverberação está associada ao desenvolvimento de regimes autoritários interessados em implantar novas técnicas e tecnologias para reforçar seu controle do poder. O regime soviético dos anos 1920 compreendeu o poder das imagens para produzir uma impressão favorável num contexto em que seus adversários com frequência levavam vantagem. O regime não tinha escrúpulos em manipular o registro histórico para, quando necessário, dar polimento à sua imagem. Um exemplo clássico foi a contratação pelo regime soviético do cineasta Sergei Eisenstein para aplicar um verniz aos eventos de outubro de 1917, quando os bolcheviques tomaram o poder.

Os bolcheviques compreenderam que a história de um levante popular dava legitimidade ao regime, mas as evidências não ajudavam. A "invasão" do Palácio de Inverno foi tudo menos legítima. Na realidade o palácio tinha sido abandonado pelo anterior regime; no ataque, os bolcheviques se defrontaram com um esquadrão de cadetes mal equipados. Alguns tiros foram disparados antes que, em uma questão de minutos, os cadetes se rendessem. Seria difícil imaginar algo que se parecesse menos com uma insurreição popular de massa. Eisenstein foi, portanto, encarregado de recriar o evento; dessa vez, um elenco de milhares de pessoas se derramou gloriosamente pelas ruas de São Petersburgo num gesto de mobilização democrática. O filme que resultou daí, *Outubro*, foi um grande sucesso e ajudou a apresentar o regime soviético a seus cidadãos sob uma luz muito melhor.

A reescrita da história não parou aí. Stalin andou particularmente atento ao fato de que outros líderes estavam associados a esses acontecimentos de forma mais íntima que ele, constituindo assim ameaças potenciais em relação à conquista dos afetos do partido e do público. Ele, então, pôs mãos à obra — em sentido literal —, apagando o registro de figuras como Trotski e Bukharin, removendo seus rostos das fotos oficiais tiradas para recordar os episódios da Revolução. Apagar as provas da participação deles, enquanto acentuava o próprio papel, resultaria, como é natural, na multiplicação de seus trunfos e na queda dos concorrentes em um buraco negro.

Desonestidade e mentira tornaram-se formas de arte, em sentido literal e metafórico, não apenas na URSS, mas também na Alemanha nazista. Ambas procuraram construir uma realidade paralela para ocultar as muitas fendas e imperfeições do mundo real. Todos os jornais foram tomados pelo Estado. Todos os canais de comunicação pública foram objeto de regulação permanente. Todo tipo de discurso público com algum conteúdo político foi submetido a intenso escrutínio. Livros foram removidos de bibliotecas; muitos foram queimados ou apagados dos arquivos públicos. A música e a arte foram politizadas para garantir um fluxo constante de obras que exaltassem as virtudes do regime e de sua liderança. Toda forma de instrução, em todos os níveis de ensino, foi rigorosamente policiada para assegurar que os estudantes ficassem expostos apenas à linha do partido e do Estado. Qualquer desvio da ideologia do Estado expunha uma pessoa à suspeita, a possível prisão e a coisas muito piores. As sanções por fofocas, críticas ou questionamentos de qualquer aspecto das atividades do Estado eram severas ao extremo.

Esses episódios inspiraram um gênero de romances que exploravam o mundo da pós-verdade. *Darkness at Noon*, de Arthur Koestler, era baseado na prisão de Bukharin, vítima dos famosos espetáculos jurídicos que usavam provas inteiramente fabricadas para indiciar inimigos do regime. O romance *1984*, de George Orwell, continua sendo um vigoroso monumento literário à ideia de um mundo em que fatos de todo tipo são manipulados para assegurar completa subordinação e obediência.

Para não imaginarmos que esse aparato para manter uma realidade paralela está limitado a um passado distante, precisamos apenas recorrer ao testemunho de dissidentes chineses e norte-coreanos para termos um lembrete apropriado da atualidade das técnicas. Não há absolutamente nada fora de moda ou antigo na tentativa de controlar a realidade com o objetivo maior de manter a ordem e a estabilidade. Mas, se essa é a implicação da pós-verdade, temos de reconhecer que pouquíssimos regimes democráticos exibem algo como o grau de controle sobre a verdade e a realidade que associamos a regimes autoritários.

Isso não quer dizer que nossas "sociedades abertas" sejam tão abertas quanto muitos pensam que são ou tão abertas quanto poderíamos gostar que elas fossem. Há uma grande variedade de modos pelos quais pessoas tentam manipular a verdade para atender às suas necessidades e aos seus interesses. Na realidade, talvez a preocupação seja que isso tenha se tornado normal em sociedades capitalistas avançadas. Anunciantes agem assim ("Lavadas ainda mais brancas!"), universidades agem assim ("Coisas incríveis acontecem aqui!"), políticos agem assim (Nixon: "Nenhum evento é mais incompreendido que a Guerra do Vietnã"). Se isso também é pós-verdade, devemos reconhecer que é de uma magnitude muito diferente, em relação a intensidades e efeitos, dos esforços de regimes autoritários para controlar a realidade e moldar a vida de seus cidadãos.

Sem dúvida, há muita coisa em jogo no controle de como percebemos o passado, quem é responsável pelos êxitos e fracassos nacionais, como povos e minorias são incorporados a uma nação. Não causa, então, surpresa ver como os detalhes são contestados. Essas narrativas têm um conteúdo fortemente político e estão sujeitas a serem escritas e reescritas conforme se alterem as prioridades.

"Pós-verdade" ou opiniões antiquadas?

Em um capítulo anterior, mencionei a descrição do populismo feita por Fukuyama como "o rótulo que as elites políticas atribuem às políticas de que elas não gostam e que são apoiadas por cidadãos comuns". Seu argumento é que o conceito de populismo tem servido a um objetivo útil para as elites e ele sugere que, em certo nível, a raiva e o ressentimento dos cidadãos são injustificados ou fruto de ilusão. Quando recobrarmos o juízo, voltaremos a apoiar os partidos e as opiniões dominantes.

A pós-verdade pode ter uma ressonância parecida. Se não fossem as tentativas de enganar as pessoas ou manipular opiniões por meio da difusão de *fake news* ou estatísticas suspeitas, será que certos cidadãos teriam votado em Trump ou no Brexit, em Wilders ou no AfD? Será que o populismo e a rejeição do *mainstream* só são possíveis com base em dados falsificados, mentiras e besteiras? O problema aqui é a suposição de que a realidade ou os "fatos" determinam nossas visões de mundo ou ideologias. Não parece menos plausível supor que nossa visão de mundo determina o que estamos preparados para aceitar como fato. O debate sobre o Brexit mostra claramente o que está em jogo.

Para a perplexidade das elites, os absurdos das afirmações feitas por defensores do "sair" não se traduziram em um declínio acentuado do apoio ao Brexit. Não parecia importar que os 350 milhões de libras estampados nos ônibus da campanha fossem um exagero. Não importava que os termos da separação da União Europeia fossem provavelmente muito piores do que qualquer defensor do "sair" estivesse disposto a admitir, nem que os problemas apresentados pela campanha do "sair" como de fácil resolução parecessem profundamente insolúveis. Os dados sugerem que muitos que votaram "sair" o fizeram menos com base na confusão de "fatos" variados apresentados a eles que apoiados em duas questões fundamentais: imigração e soberania. Os que votaram "sair" desejavam restaurar a soberania nacional, as fronteiras e o controle sobre assuntos relacionados ao Reino Unido. Uma vez que isso se torne claro, tudo mais faz sentido. Mas para as elites isso significava darmos as costas à globalização, à migração transnacional e aos benefícios de fazer parte de uma forte organização supranacional. A visão de mundo estaria errada e assim deveria estar a camada de suposições que informam a visão de mundo.

Isso serve para ilustrar a afirmação mais ampla de que temos dificuldade para aceitar visões e opiniões diferentes das nossas quando estamos convencidos da verdade e da racionalidade de nossa própria posição. Se estamos absolutamente *certos* de termos razão acerca de algo e alguém nos critica, tentamos explicar o assunto nos referindo à compreensão incompleta que o outro possui do tema, a uma seleção duvidosa dos fatos relevantes, à manipulação feita por terceiros ou às *fake news*. Seria uma forma de crítica que os marxistas chamam de "falsa consciência", uma visão da realidade em desacordo com a realidade "real" que se encontra sob a superfície da expressão pública. Nos últimos cinquenta anos, a ideologia dominante tem insistido que mercados abertos, migração transnacional, desregulamentação bancária, privatização de serviços públicos e nova gestão pública são a melhor maneira de organizar nossas sociedades. A crise, no entanto, não só perfurou a bolha financeira, como também perfurou a bolha *ideológica* dominante. Seguiram-se raiva e descontentamento, encorajando o desprezo pela visão de mundo da elite.

Desse ângulo, o populismo se parece menos com a imposição de uma nova ideologia que com o retorno a valores e opiniões que pareciam ter sido desacreditados, esquecidos ou deslocados. O consenso sobre valores e crenças cosmopolitas, transnacionais, "de qualquer lugar", é contestado pelo retorno a crenças nativistas, "de algum lugar" que se concentram em restaurar um senso de identidade e uma cultura comuns. Como muitos têm comentado, se o populismo — em particular em sua forma nativista de direita — for alguma coisa, ele é um momento de nostalgia por um mundo perdido, pelas compreensões perdidas, pela antiga noção de como o mundo funciona e para quem. Talvez a faísca para o populismo seja menos a pós-verdade e mais a "verdade do outro", um conjunto de valores, crenças e princípios em desacordo com pontos de vista da elite e do *mainstream*. Para invocar Fukuyama, não é possível que aquilo que atribuímos à operação da pós-verdade seja na realidade o reaparecimento, o ressurgir de pontos de vista de que as elites não gostam e que precisam tentar explicar se referindo a algum processo furtivo?

Não querem mais migrantes em nossas sociedades? Deve ser porque não temos sido informados das vantagens de uma sociedade diversificada, multicultural. Não acreditam nos benefícios de mercados abertos e privatização? Deve ser porque não entendemos bem os benefícios de uma economia do gotejamento e da competição capitalista. Não acham que a participação em organismos supranacionais nos interessa? Deve ser porque fomos induzidos a pensar que os custos superam os benefícios da adesão.

Conclusão

A preocupação com o impacto das mentiras, da fraude e da manipulação na política é generalizada. Muitos querem atribuir os eventos extraordinários testemunhados em sociedades democráticas nos últimos anos à pós-verdade. Temos uma política anormal porque está se desenvolvendo um relacionamento anormal entre realidade e verdade. A democracia, acreditamos, requer abertura, transparência e integridade. O desenvolvimento da pós-verdade atenta contra esses valores com resultados indesejados.

Por mais convincente que isso possa parecer, devemos ter cautela ao tirar conclusões desse tipo. Embora o conceito de pós-verdade pareça ser novo, muitos precedentes sugerem que os meios — *software* digital e internet — é que são novos, não os fins. Mentira, fraude e manipulação, se não constantes na vida política, são sem dúvida temas familiares, remontando à aurora da democracia na antiga Atenas. O século XX viu o surgimento de regimes que aperfeiçoaram a arte de fabricar evidências conforme suas próprias necessidades.

Isso não significa que esses desdobramentos sejam irrelevantes e que devamos manter o otimismo diante das *fake news*, da manipulação de dados e tudo mais. O que está ficando claro é que a internet, e muitas de suas plataformas mais populares, como o Facebook, oferecem uma panóplia de novas ferramentas e novos dispositivos para manipular e colher dados para nefastos objetivos políticos. O escândalo da Cambridge Analytica, de 2018, é um alerta gritante sobre essa realidade.

O problema, como sempre, é determinar elos causais entre esses desenvolvimentos e os resultados políticos. A eleição de Trump se deveu *primariamente* à *fake news*, à manipulação de dados por organizações como a Cambridge Analytica e, de modo mais geral, a seu arrogante desprezo pela verdade ao perseguir sua causa política? O resultado do referendo Brexit deveu-se a um pequeno grupo de pessoas inteligentes que enganaram o público britânico com promessas de financiamento extra para a área da saúde? A extrema direita emergiu na Europa continental devido à manipulação da percepção que as pessoas tinham do Islã ou à propagação de informações falsas sobre o número exato de refugiados chegando do Oriente Médio?

Sem dúvida alguma coisa desse tipo tem impacto. Exagerar as estatísticas, inflar reivindicações, jogar com os medos das pessoas por meio de publicidade negativa sem a menor dúvida funciona. Se não funcionasse, os políticos não desperdiçariam seu dinheiro com essas técnicas, nem os anunciantes. É por isso que esquerda e direita, tanto do *mainstream* quanto populistas, as utilizam. Cada lado tenta extrair o máximo da brincadeira com fatos, da manipulação de dados, jogando a luz mais favorável possível sobre si

171

mesmo e suas políticas em função dos recursos de que dispõe. É o que o termo "*spin*" foi inventado para descrever.**

Seria errado descartar as preocupações daqueles que veem uma conexão entre manipulação de dados e resultados políticos. Parte disso nos ajuda a entender o surgimento de partidos e movimentos populistas. As pessoas sem dúvida foram cutucadas para aceitar posições e programas que em outras circunstâncias não teriam apoiado ou acerca dos quais poderiam ter sido mais ambivalentes. É preciso, no entanto, mais que a cutucada de um pôster, de uma oratória ardente, de um ônibus passando com um número pintado de forma extravagante para fazer as pessoas subscreverem as opiniões de um forasteiro contrárias à ordem política tradicional.

Sem um sentimento de que as elites decepcionaram os cidadãos, é provável que nada disso faça realmente diferença — o tipo de diferença que desloca os resultados para longe da ordem política dominante, para os *outsiders*. A crise gera um apetite por algo novo, algo diferente, algo imediato. Torna as pessoas receptivas a ideias e posições que em outras condições poderiam parecer excêntricas ou inaceitáveis. Em meio à desconfiança e ao ceticismo acerca da ordem política dominante, tornamo-nos mais receptivos a soluções radicais, a líderes meio malucos, a políticas extremas ou heterodoxas. Mas não foi a manipulação de dados que gerou um sentimento de crise entre os eleitores de muitas democracias. A pós-verdade não criou recessão, austeridade nem o colapso da confiança na classe política. Para um número crescente de cida-

---

** Na terminologia do beisebol, *spin* é o efeito aplicado à bola numa tentativa de enganar o adversário. (N. do T.)

dãos, as elites são responsáveis pelos problemas com que nos defrontamos. É por isso que partidos e movimentos críticos com relação às elites têm ganhado força, apesar da hegemonia da visão de mundo, dos valores e sem dúvida dos "fatos" dessas elites.

6
Conclusão — O Que Deve ser Feito com Relação ao Populismo?

O populismo é amplamente considerado uma das principais ameaças de nosso tempo. Os jornais, em particular desde os acontecimentos de 2016, têm andado cheios de matérias alarmantes que procuram entender a ameaça populista e o que pode ser feito a respeito dela. Só o medo já produz um texto excelente — isso não deve ser esquecido —, mas ainda assim a maioria dos comentaristas reconhecem que o populismo levanta preocupações legítimas. O populismo é um desvio da corrente principal da política, da política "normal", e isso pode ser inquietante. É também uma política que pode levar a programas extremistas ou radicais que afetem as pessoas de várias maneiras. No momento em que escrevo, esse é particularmente o caso daqueles que estão na ponta receptora de programas nativistas na Europa e na América do Norte.

Nos EUA, Trump tem indicado que quer remover imigrantes que chegaram sem permissão, *"dreamers"* (jovens que chegaram ilegalmente quando crianças*), e aqueles cuja condição pode ser duvidosa. Ele tornou a vida desconfortável para muçulmanos ou pessoas com parentes de países que identificou como ameaça; o banimento de viajantes vindos de determinados países tem sido em geral encarado como uma interdição aos muçulmanos. Trump tem depreciado certos países como países "de merda", fazendo os recém-chegados dessas áreas se perguntarem se não serão enviados de volta por serem menos desejáveis que os brancos de classe média do norte da Europa. Na França, 6 milhões de cidadãos de origem norte-africana indagam qual será seu destino se Marine Le Pen chegar ao poder na próxima eleição presidencial. Sentimentos parecidos são compartilhados pelos muçulmanos na Holanda, pelos refugiados na Itália e os recém-chegados a países como Áustria, Hungria e Polônia. No Reino Unido, muitos milhões de cidadãos da UE continuam inseguros quanto à sua situação quando o Brexit finalmente se concretizar.

De um modo mais geral, muitos se perguntam como será viver em democracias dominadas por autoproclamados *outsiders*, que talvez não tenham o mesmo sentimento de afinidade com as instituições e os processos democráticos dos partidos tradicionais que por tanto tempo dominaram a cena política. A preocupação se mescla com temor quando os verdadeiros matizes das figuras que criticam a velha política se tornam conhecidos. Mas talvez não

---

* Os *dreamers* (sonhadores) seriam os beneficiados pelo DREAM Act, acrônimo para *Development, Relief, and Education for Alien Minors Act* [Lei de Desenvolvimento, Acolhimento e Educação de Menores Estrangeiros], um projeto dos Democratas rejeitado pelo Congresso americano durante o governo de Barack Obama. O programa impediria a deportação de jovens que foram levados ilegalmente para os EUA quando crianças. (N. do T.)

venham a ser tão ruins quanto parecem. Talvez o latido seja pior que a mordida. Talvez venham a ser domados ou controlados pela força dos mercados financeiros, da opinião pública ou das instituições internacionais. Na ausência de muitos exemplos de populistas chegando ao poder nas democracias avançadas, há farta especulação sobre o que essa transição de partidos de protesto a partidos de governo prenuncia.

A especulação também diz respeito à natureza do próprio sistema democrático e de quanto ele se mostrará robusto se cair nas mãos de aventureiros, de radicais e de autoproclamados movimentos antissistema. As instituições e os processos se encontram tão bem implantados que resistirão a se tornarem joguetes de demagogos e déspotas? Resistirá o Estado a tentativas de torná-lo instrumento de uma nova forma de governança?

Essas perguntas dividem especialistas. Nos meses que se seguiram à eleição de Trump, o debate se concentrou na natureza do que é denominado "o Estado profundo", ou seja, as camadas da oficialidade das comunidades militares e de inteligência que se encontram muito abaixo da supervisão e do controle imediatos do presidente e do Congresso. Que tipo de autonomia elas têm? Poderiam ser capazes de solapar ou colocar em risco o mandato de um presidente por quem não tivesse simpatia ou que parecesse ameaçar suas posições ou seus privilégios? Esse tema não é novo. Há muito tem havido especulação sobre a relativa autonomia do Estado e, em particular, da comunidade de inteligência, dos políticos e das instituições governamentais. É uma temática bem explorada na cultura popular por meio de filmes e romances como *A Very British Coup*, que aborda a reação do Estado profundo britânico à eleição de um líder do Partido Trabalhista com uma impressionante semelhança com Jeremy Corbyn (alerta de *spoiler*: isso não acaba bem). A questão adquire uma pertinência particular em uma época em que o populismo pode se tornar mais difundido e alcançar a longevidade, em vez de ser apenas um êxito passageiro, como às vezes pode parecer. O Estado virá em defesa dos valores democráticos ou vai ceder e aceitar com humildade regimes intolerantes e potencialmente fascistas?

Seja qual for a visão que se tenha da natureza do populismo, devemos reconhecer que muitas pessoas o temem e que grande parte desse medo parece bem fundamentado. O que deve ser feito? Como devemos pensar em reagir ao populismo? Como os cidadãos devem proteger a si mesmos e a suas comunidades do "surto populista"?

Para responder de modo satisfatório a essa questão, é essencial que nos concentremos no que é específico do populismo em oposição a outros tipos de regimes ou movimentos políticos, como o autoritarismo, o fascismo ou o nacionalismo. O que se tornou óbvio é que *o populismo é uma forma de discurso político em que "o povo" se coloca numa relação antagônica com as elites*. A partir daí, surge a maioria dos outros traços que estão associados ao populismo: a ideia de partidos e movimentos populistas como "*outsiders*", como entidades antissistema e contra o *status quo*. Também se confirma a ideia do populismo como, em certo sentido, uma ameaça. Ao serem colocadas contra a classe governante, as pessoas são informadas de que deve haver uma ruptura radical com o presente para salvá-las ou colocá-las na posição em que teriam se encontrado sem as ações nocivas das elites. Esses temas têm sido constantes desde o início dessa discussão e a definição acima nos permite pôr em destaque o que é nitidamente populista em partidos e movimentos. Também nos ajuda a esclarecer o que o populismo não é.

Evocar "o povo" não é populista

O populismo se refere a uma relação entre o povo, de um lado, e as elites, do outro. Identificar o povo como o sujeito da política não é em si mesmo populismo. O povo é o *demos* e o *demos* é o sujeito de uma política democrática.

A ideia de que podemos identificar políticas populistas identificando o povo no discurso de partidos e líderes não ajuda a esclarecer o que é específico do populismo. A referência ao povo é pronunciada na retórica populista, pois o populismo surge onde surge a percepção de que existe um cisma ou um antagonismo entre o povo e as elites. Mas uma forma de discurso ou demandas construídas simplesmente em relação ao que "o povo" precisa ou quer não são em si mesmas populistas; é como a política opera em condições democráticas. A Constituição Americana se inicia com a famosa frase "Nós, o Povo dos Estados Unidos"; essa evocação do povo não é populista. A maioria das constituições incluem referência ao povo, pois quando um sistema político democrático está sendo estabelecido é de todo apropriado mencionar "o povo" como a entidade para quem a constituição é criada. Isso também se aplica a hinos nacionais e outros artefatos que procuram desenvolver e se comunicar com o sentimento de que o povo, o sujeito da democracia, está unido em torno do que quer, nesse caso a fundação de um novo Estado.

Se passarmos para o discurso político cotidiano, a afirmação de que falamos em nome "do povo" é com frequência citada como um gesto populista. Mas em uma democracia, nada existe de extraordinário ou impróprio em falar sobre o que o povo quer ou precisa. Para os políticos, o objetivo é fazer com que suas mensagens tenham ressonância entre o maior número possível de eleitores: "Sei que o povo quer mais serviços públicos", "Compreendo que o povo nem sempre concorda com um aumento de imposto", e assim por diante. Essa é a *língua franca* das democracias. Os políticos procuram alcançar o maior número possível de cidadãos na esperança de aumentar sua popularidade e suas chances para a próxima eleição.

O que faz o populista se destacar dos demais políticos é a distinção enfática entre, de um lado, o que o povo quer e, do outro, o que está sendo fornecido pelas elites, pelo sistema político ou pelo *establishment*. O objetivo é mostrar que as necessidades e os interesses do povo estão sendo ignorados pelas elites e, portanto, que o povo devia estar procurando suas lideranças além ou fora da classe governante. Isso demonstra que existe um antagonismo entre o povo e a classe governante e sugere que o antagonismo só pode ser superado pela posse de alguém que compreenda o que o povo realmente quer e precisa. Daí a dinâmica por trás do interlocutor populista que alega compreender o povo e fazê-lo de fora ou além do espaço das elites: "Siga-me, eu posso salvá-lo deles". O fato de líderes como Farage e Le Pen terem vindo eles próprios das camadas mais altas da sociedade, fazendo parte, portanto, do que muitos cidadãos veriam como elite, é irrelevante. A moldura do discurso é o que conta, bem como a natureza das afirmações sobre o contexto político.

Por que isso importa? Muitas vezes ouvimos dizer que os cidadãos estão sendo "desligados" da política por causa da negatividade e do antagonismo que caracterizam a política em condições democráticas. A política pode parecer um campo de batalha. Debates turbulentos nos parlamentos e na televisão, guerras no Twitter, propostas e contrapropostas acentuam a natureza da política em condições democráticas, com a criação ostensiva de posições opostas: "Não acredite nele, acredite em mim". Uma das características mais comentadas do populismo é o modo como líderes populistas procuram se elevar acima da luta; buscam uma postura unificadora destinada a distanciá-los do tumulto pouco edificante do pano de fundo. Posicionar-se como alguém que procura unificar o povo em vez de dividi-lo, que procura se colocar acima da ideologia, da política partidária e da habitual parafernália da política democrática tem se mostrado uma estratégia útil para construir uma base popular.

O surgimento de uma figura forte que afirma ter todas as respostas e que, assim, parece indiferente às visões ou opiniões dos outros é uma perspectiva alarmante. Devíamos, portanto, estar nos preocupando com o surgimento de líderes políticos que se posicionam além dos antagonismos habituais e se retratam como salvadores do povo. Ninguém pode estar fora ou acima das lutas pluralistas que definem a contestação democrática; dizer que alguém pode ser colocado em oposição a uma característica importante que diferencia a democracia de outros tipos de sistemas políticos.

O recurso parece convincente, mas o perigo está em confundir as estratégias retóricas usadas por políticos por recomendações políticas. Retratar a si próprio como "acima da briga", "além da ideologia", "ao lado do povo" tem pago dividendos a gerações de candidatos presidenciais e aspirantes a primeiros-ministros. É até mesmo essencial para o desempenho vitorioso do papel. Como explica o teórico político Pierre Rosanvallon, em uma democracia há sempre um equilíbrio entre o apelo ao que ele denomina, por um lado, "particularidade" e, por outro, "generalidade". A democracia é composta de uma multidão de identidades e interesses mutantes, de grupos diferentes com agendas diferentes. São essas as diferentes particularidades que encontramos em um complexo ambiente moderno. A democracia, no entanto, também requer que alguém fale para o povo, para a generalidade, em especial em tempos de conflito ou de crises; alguém que, de um modo mais geral, fale pelo interesse público. Democracia significa governo pelo povo, mas como, por razões práticas, não podemos governar a nós mesmos, precisamos de alguém que faça isso por nós. Como o povo não pode falar por si mesmo, alguém tem de falar por ele. Não há, portanto, nada de excepcional em esperarmos que o presidente ou o primeiro-ministro cumpram esse papel. É por isso que aqueles que querem ocupar um cargo nacional precisam parecer e soar como representantes do povo.

Se achamos que uma retórica organizada em torno da ideia de governar em nome do povo representa uma ameaça ao povo, estamos correndo o risco de perder contato com o modo como o discurso político funciona em uma democracia e com o êxito que têm os políticos ao se posicionarem em relação à generalidade. Presidentes e primeiros-ministros vencedores podem fazer a complicada transição de soar como se só estivessem interessados em uma parcela da população para soar como se estivessem preocupados com o povo, com a generalidade. Na ausência de um discurso que tenha ressonância junto ao povo, tendemos a ver o surgimento de um estilo disruptivo de política.

Em termos práticos, como se dá essa ruptura? Para citar um exemplo, a Bélgica foi há pouco tempo atirada num hiato político pelas profundas divisões na sociedade. A Bélgica possui dois grupos étnicos principais, um de língua flamenga, outro de língua francesa. As eleições das últimas décadas viram os partidos pró-flamengos eleitos e a população francófona questionando o resultado. O temor é que um partido flamengo passe a governar privilegiando os interesses da etnia dominante, em vez de fazer o que possa ser melhor para o povo belga como um todo. Há demandas no sentido de uma nova eleição, da definição de direitos minoritários na constituição ou da devolução de poderes a governos regionais para garantir que a minoria não fique em desvantagem. Tais demandas são sinais de que as necessidades e os interesses "do povo" estão ameaçados devido à dominação de um grupo específico ou uma etnia. A democracia, ao contrário, exige que as necessidades passem a ser vistas como interesses da generalidade, não da particularidade, como um grupo étnico dominante.

Falar em nome do povo, governar em nome do povo, evocar o povo como sujeito da política não deve ser considerado populista nem de forma incipiente. Uma política *democrática*, em oposição a uma política baseada em identidade, etnia ou particularidade, é estruturada em termos retóricos. Se insistirmos em achar que falar em nome do povo é característico do populismo, a implicação é que os políticos devem falar apenas de seus próprios eleitorados e base de apoiadores, esquecendo as necessidades e os interesses do povo. A verdade, sem dúvida, é o oposto: aqueles interessados em proteger e promover a democracia devem insistir para que os que querem representar a generalidade digam o que farão com as necessidades e os interesses do povo, não só dos grupos particulares, das identidades ou dos interesses especiais que os podem ter apoiado e com quem poderiam ser identificados. Não devíamos, em suma, estar abandonando a ideia da democracia como governo do povo por medo de que isso torne nossa política mais populista.

O populismo não é uma variedade de política de extrema direita

O populismo é com frequência identificado com política radical ou de extrema direita. De fato, às vezes pode parecer que "populismo" e "extrema direita" sejam expressões intercambiáveis. Com certeza é verdade que não há escassez de líderes de extrema direita que são também populistas, incluindo os Le Pen, Orbán, Wilders e Jörg Haider, ex-líder do Partido da Liberdade da Áustria (FPÖ). Mas numerosas figuras da esquerda são também rotuladas de populistas, de líderes do *Podemos* e do *Syriza* a esquerdistas radicais como Bernie Sanders, Jean-Luc Mélanchon e Jeremy Corbyn. Mais recentemente, Emmanuel Macron foi descrito como populista, do tipo centrista ou liberal. O M5S, de Beppe Grillo, também costuma ser considerado populista, embora combine elementos das ideologias de direita e esquerda a contribuições excêntricas de ambientalismo, democracia deliberativa, utopia cibernética e outras. Não vamos esquecer também os *narodniks* russos, que eram uma variedade de românticos comunistas agrários e são em geral encarados como o primeiro exemplo de populismo. Como podemos encaixar esse caleidoscópio se equipararmos populismo e extrema direita? Podemos tirar uma dentre duas conclusões. Ou as figuras de esquerda e centristas são vistas como tão parecidas às de direita que podem ser tratadas da mesma maneira para o propósito de análise política ou as figuras e os partidos de esquerda são de importância tão pequena na história geral do populismo que podem ser descartados como atípicos.

Nenhuma conclusão é particularmente convincente. Como críticos do conceito de totalitarismo têm há muito tempo argumentado, se desprezamos a ideologia, acabamos com uma forma conservadora de análise que insinua que todas as iniciativas políticas radicais são autoritárias, pelo menos de forma incipiente, porque compartilham certos traços e características, embora seus objetivos possam ser muito diferentes. Essa tese pode ser eficaz em termos ideológicos, como se sinalizasse um "perigo vermelho", servindo para afastar os cidadãos de movimentos e partidos radicais, mas é menos satisfatória para uma análise política comparativa.

A segunda conclusão traz um clima um tanto irônico, dado que a história inicial do populismo era sobre movimentos e partidos de esquerda. Mesmo antes de chegarmos a casos recentes como Iglesias e Tsipras, os *narodniks*, na leitura de quase todos, eram populistas, Huey Long era um democrata do New Deal e muitos dos caudilhos da América Latina também estavam na esquerda. A ideia de que devemos desconsiderar exemplos como esses a favor de uma interpretação do populismo como um fenômeno de direita está fora de contato com a realidade contemporânea e com o antecedente histórico. E deveria, sem dúvida, nos fazer perguntar por que precisaríamos de um termo como populismo: se o populismo é de extrema direita e a extrema direita pode ser igualada ao populismo, não é fácil entender a que função o conceito poderia servir.

O que está acontecendo? O que parece estar se passando é que os comentaristas estão preocupados em entender como a evocação do povo cria uma dinâmica *in group — out group* que, quando aliada a uma retórica nativista, fornece a base para uma política de grupos de bodes expiatórios: migrantes, minorias e assim por diante. É de fato assim que a política de extrema direita tende a funcionar: o *in group* é com frequência definido por meio de características raciais, étnicas ou religiosas, o que significa que, se não compartilharmos essas características, não fazemos parte do povo. Mas evocar o povo não precisa levar, necessariamente, a uma dinâmica *in-out*. No discurso democrático, "o povo" é mais geralmente usado para se referir a todos de uma determinada comunidade política, a despeito da etnia ou de outras características. "Nós, o povo" não é, nesse sentido, excludente ou populista. É um meio de afirmar um propósito e uma identidade comuns baseados numa cidadania comum num dado território. É assim que o discurso funciona em condições democráticas, apelando ao povo como sujeito da política. Não se trata de um gesto de direita ou esquerda; é um gesto sem inflexão ideológica. Ouvimos,

185

assim, partidos tanto de direita quanto de esquerda afirmando falar pelo povo.

Se o populismo não é uma variedade de política de extrema direita, poderia ainda ser verdade que a maior parte da política de extrema direita é uma variedade de populismo? Poderia ser que estivéssemos discutindo um conceito que adquiriu fortes tons autoritários e nativistas devido à preponderância de partidos e movimentos de extrema direita? Essa é uma explicação mais convincente. Implica que a ideologia de extrema direita tem uma afinidade natural com o populismo, o que talvez não aconteça com a política de esquerda ou liberal. Contudo, a afinidade não é "natural", mas um efeito de como opiniões de extrema direita e nativistas se colocaram em rota de colisão com a ideologia dominante das democracias mais avançadas, a sensibilidade do "em qualquer lugar", que saúda a globalização e os fluxos sempre crescentes de pessoas, capital e bens. Essa sensibilidade sustenta a ideia do mercado único europeu, em que qualquer cidadão de um país da UE pode se deslocar, sem impedimento, para qualquer outro país da UE. Insiste, com Angela Merkel, que temos obrigações para com os outros, obrigações de cuidar dos refugiados, promover os direitos humanos e desempenhar nosso papel como bons cidadãos internacionais.

O problema é que os valores da elite apontam numa direção enquanto os valores e instintos de muitos cidadãos parecem apontar em outra. Essa colisão de sistemas de valores se traduz numa retórica populista de um tipo nativista, em que as elites são acusadas de estarem fora da realidade. Mas o ponto fundamental é que são os valores nativistas que estão conduzindo a retórica populista. O nativismo se encontra em antagonismo aos valores cosmopolitas das elites, levando ao apelo por uma liderança que venha de fora dessas elites.

Não devemos, porém, esquecer que surge um antagonismo diferente com relação ao lado neoliberal da ideologia da "globalização neoliberal". Partidos e movimentos de esquerda também se encontram em antagonismo às elites, devido à adoção por essas elites de programas de austeridade na esteira da crise financeira e da recessão globais. *Podemos*, *Syriza*, Sanders e Corbyn podem ser considerados populistas não porque a ideologia de esquerda seja intrinsecamente populista, mas porque nesse particular momento ideais e valores de esquerda estão em aguda contradição com a direção política seguida pela maioria dos governos.

O fato de a maioria dos partidos políticos e movimentos de extrema direita terem um elemento populista em seu discurso não deve obscurecer o fato de que muitos partidos e movimentos de esquerda também podem parecer populistas nas condições atuais. Como ambos os lados criticam a postura atual das elites, embora por razões muito diferentes, ambos adotam uma retórica em que é dito que o povo está em antagonismo com relação à classe política e ao *establishment*. O sucesso talvez maior da extrema direita em eleições recentes não torna o populismo um fenômeno de extrema direita. Indica apenas que, no presente, podemos contar com mais exemplos de populismo da direita que da esquerda.

O populismo não é uma ideologia

Presumindo que por "ideologia" entendemos um sistema de crenças ou uma visão de mundo que proporciona uma noção de como deveríamos organizar nossas sociedades, o populismo não é uma ideologia. Há poucos textos ou livros para indicar o que alguém chamando a si mesmo de populista entende por uma sociedade populista. Falta uma linhagem intelectual coerente ou consistente, do tipo que em geral caracteriza as ideologias, quer de esquerda, quer de direita. O único traço básico acerca do qual quase todos concordam que caracteriza o populismo, a referência a um antagonismo entre o povo e as elites, indica pouca coisa sobre o que se encontra à frente, sobre que tipo de sociedade deveríamos construir ou como deveríamos superar esse antagonismo para dar ao povo o que ele necessita ou quer.

Nem todos os populistas têm de possuir *os mesmos* valores ou o mesmo sistema de crenças para se tornarem populistas. Os valores e o sistema de crenças da elite podem ser desafiados de diferentes ângulos. Os socialistas e os que estão na esquerda rejeitam a ideologia dominante de décadas recentes, a globalização neoliberal e seu foco no mercado e nas privatizações. Os que estão na direita se opõem a fronteiras abertas e ao livre movimento de pessoas. Partidos verdes se opõem à falta de interesse pelo planeta revelada pelos estilos de vida insustentáveis das pessoas. Podemos discordar de inúmeros modos de valores dominantes; cada um desses modos pode se traduzir em uma forma de discurso em que o problema são menos as políticas ou a abordagem de cada partido ou líder e mais os valores e as crenças de sustentação das elites ou do sistema em geral.

Por que isso é importante? Compreender que o populismo não é uma ideologia é importante a fim de resgatar o populismo, como conceito, daqueles que querem, de forma paradoxal, usá-lo como arma de combate ideológico, isto é, promover uma visão da política de oposição como autoritária e antidemocrática. Embora muitos autoritários usem o discurso populista para promover sua causa, não é o *populismo* que ameaça a integridade dos sistemas democráticos, mas o autoritarismo, a insistência em subordinar a preferência individual à uniformidade de perspectiva e comportamento. Há formas de política de oposição que se movem para o outro lado, insistindo que o problema da política democrática contemporânea é que ela não é democrática o bastante; não consegue motivar os cidadãos ou oferecer oportunidades para uma participação significativa. É mantida cativa pelas elites, fazendo com o que o pluralismo tenha se tornado imaginário em vez de real, um disfarce ideológico para a plutocracia, para o governo dos, pelos e para os ricos.

Nos últimos anos, o número de movimentos de esquerda que adotaram uma linha antielitista, do *Occupy* e da #15M ao *Nuit debout* (*Noite em Claro,* o movimento popular que varreu a França em 2017 protestando contra novas leis trabalhistas), tem aumentado. Embora esses movimentos não se identifiquem como populistas (praticamente nenhum o faz), a afirmação do *Occupy* de que representa os 99% é um gesto populista clássico. São movimentos oposicionistas de tipo populista no que diz respeito ao discurso e à retórica. Não estão imunes a tendências autoritárias, mas, de um modo geral, procuram oferecer um estilo não dogmático, não programático de política de um tipo "prefigurativo", destacando a lacuna entre como a democracia funciona em condições contemporâneas e como ela *pode* funcionar se as pessoas estiverem livres do controle plutocrático.

Se o populismo não é uma ideologia no sentido habitual de um sistema de crenças ou de uma visão de mundo, poderia, ainda assim, ser considerado de alguma forma uma ideologia? Poderia o populismo, como alguns sugerem, ser uma ideologia "fraca" abrangendo certos temas: centralidade do povo, uma crítica das elites e uma crença na superioridade da liderança forte em nome da "vontade geral"?

É próxima a associação da "vontade geral" com um tipo de autoritarismo disfarçado de democracia. É por essa razão que alguns a veem como um tropo significativo para investigar o populismo como uma espécie de impulso pseudodemocrático. A expressão foi popularizada por Rousseau, que tem sido com frequência acusado de ser um "prototalitário" por sua sugestão de que o majoritarismo fosse subordinado à vontade geral. Mas Rousseau estava apenas brigando com o quebra-cabeças descrito por Rosanvallon, segundo o qual em uma democracia alguém, ou algo, tem de representar a generalidade: o bem comum, o interesse público, a vontade geral. Rousseau pode não ter chegado a um mecanismo satisfatório ou apropriado para resolver a questão de como se estabelece a generalidade, mas sua opinião de que, numa democracia, a lei deve expressar a vontade da comunidade é normalmente considerada despida de controvérsia.

A ideia do populismo como uma ideologia "fraca" que inclui certos temas não parece nos deixar mais perto da compreensão de sua dinâmica particular. Saber se um partido ou um movimento se encontra em oposição às elites é uma questão de saber se sua ideologia, que pode ser esquerdista, direitista ou centrista, coloca--o em oposição às crenças e aos valores das elites. Os nativistas se opõem às elites porque são contra o cosmopolitismo, o humanitarismo liberal e o transnacionalismo. Populistas de esquerda, como o *Podemos*, se opõem às elites na Espanha porque em seu ponto de vista o país tem sido atormentado por uma geração de políticos neoliberais, *la casta*, que vêm atuando em conjunto para minar as políticas de bem-estar enquanto enriquecem a si próprios e a seus grupos de clientes. Nem uns nem outros se opõem às elites devido a uma devoção compartilhada à ideia da "vontade geral", mas porque se opõem ao que as elites estão fazendo para minar os valores e princípios que eles defendem.

Sejam quais forem as contorções aplicadas ao conceito de ideologia, o populismo falha no teste. Não é uma visão de mundo, um sistema de crenças, um conjunto de valores. Não é sequer um consenso "fraco" sobre certos temas, do qual devêssemos suspeitar. O elo entre os grupos, partidos e movimentos de que tenho falado não é ideológico, mas político. Surge do sentimento de que as elites não estão agindo conforme o mais legítimo interesse do povo e têm de ser substituídas por alguém, ou algum partido, que o faça. Dada a multiplicidade de razões que poderiam levar uma pessoa a ter animosidade contra as elites, seria difícil levar a cabo uma análise que descrevesse isso em termos de uma *ideologia*, em especial quando as elites têm pontos de partida radicalmente diferentes e com diferentes objetivos. Por certo uma maneira melhor de expressar a ideia é mudar o enfoque e observar que uma das principais causas dos populismos que vemos se multiplicarem à nossa volta é a hesitante hegemonia da ideologia da elite — a globalização neoliberal — que dominou nas últimas três ou quatro décadas. Isso nos permite ver que o que está em jogo na discussão não é tanto uma ameaça colocada à democracia pelo populismo, mas a incapacidade das elites governantes de evitar o ceticismo crescente sobre sua capacidade de governar em nome do povo.

O populismo não é antidemocrático

O populismo é amplamente considerado como antidemocrático. A mídia está cheia de alerta sobre o avanço contínuo de partidos e movimentos populistas; sobre a ameaça populista. *Há* movimentos e partidos populistas que representam uma ameaça à democracia, mas isso acontece devido às suas políticas autoritárias e a uma abordagem sectária da governança, não pelo fato de serem populistas. Existem grupos e partidos populistas que não são autoritários. De fato, há movimentos populistas que buscam a expansão da democracia para dar espaço a um maior engajamento e uma maior participação dos cidadãos. Como, então, o populismo passou a ser visto como uma ameaça à democracia?

A resposta está na fusão do ataque às "elites", que está no centro do discurso populista, com o ataque a "instituições e práticas democráticas", que não está. Dizer que não confio que aqueles que detêm o poder façam o que é melhor para o povo não é o mesmo que dizer que não confio nas instituições e nos processos democráticos. Longe disso. Minha posição pode ser que, embora eu apoie por completo a democracia, acho que os que estão no governo são corruptos, incompetentes ou estão dispostos a encher os próprios bolsos. Com um grupo diferente de políticos ou representantes, talvez possamos ver as coisas de um modo bem melhor.

Se essa análise parece um pouco imprecisa, precisamos observar que, apesar do surto de partidos exóticos e contra o *establishment*, a fé na democracia e nas instituições democráticas permanece em grande parte intacta, segundo pesquisas autorizadas, como o Eurobarômetro. Os cidadãos são perfeitamente capazes de distinguir entre as elites eventualmente no comando e as instituições e os processos democráticos que podem ser ameaçados por essas mesmas elites. Podem distinguir entre a classe governante e os mecanismos de governo. O que vemos é que os cidadãos estão cada vez mais desiludidos da classe política e estão se "desconectando" dela. As diferenças entre os partidos tradicionais, que já pareceram tão importantes, estão se tornando secundárias à medida que vamos detectando mais semelhanças entre eles. As semelhanças começam a ter mais peso que as diferenças, dando aos cidadãos a impressão de uma classe de políticos, as elites, que, como muitas pessoas sentem, estão naquilo para atender a si próprias. Podemos achar incorreto esse ponto de vista, considerando-o uma expressão irrealista de "antipolítica", mas com certeza não é um sentimento *antidemocrático*. Pelo contrário, pode ser manifestação de um desejo de tornar a política democrática mais significativa, mais participativa e mais envolvente.

Se cidadãos podem ter essa perspectiva, por que não estaria ela ao alcance de partidos e movimentos políticos? Por que achamos difícil imaginar que uma crítica das elites, da classe governante, possa ser apresentada em nome da melhoria ou da renovação da democracia e não de seu boicote? Há uma variedade de razões e tenho tratado de algumas delas. Talvez os comentaristas percebam um apelo ao povo como um gesto inerentemente autoritário. Isso pode acontecer em virtude da associação entre o povo e uma nação ou uma entidade homogênea. Pode acontecer porque alguns líderes e partidos populistas que chegaram ao poder mostraram tendências autoritárias.

O populismo traz uma crítica do comportamento, da ideologia ou das tendências das elites e da classe governante, o que não implica, necessariamente, uma crítica das instituições e práticas democráticas. Diferentemente, uma crítica do primeiro tipo pode se derivar do sentimento de que o comportamento ou a ideologia das elites existentes é prejudicial à democracia e, assim, só ao desafiá-lo surge a probabilidade de sermos capazes de promover e renovar a democracia. Quando, por exemplo, o eminente cientista político Peter Mair apresenta a visão de que nossas democracias estão marcadas por um vazio que deveria ser preenchido por discussão, deliberação e envolvimento, ele está propondo uma análise do tipo que confirma a crítica populista de esquerda à democracia contemporânea, e mesmo algumas variantes de direita, como os que votaram pelo "sair" motivados pelo desejo de repatriar poderes do Reino Unido, tirando-os da "burocrática" UE.

O ponto levantado por Mair e outros especialistas é que a classe governante como um todo é cúmplice no comprometimento da democracia por meio da aceitação tácita de uma ideologia dominante que não tolera muita crítica ou discussão. Isso resultou num colapso da fé na capacidade dos cidadãos para influenciar, muito menos dirigir, suas vidas do modo como esperamos que aconteça em uma democracia, que, para recordar Lincoln, deve significar o governo "do povo, pelo povo, para o povo". Se a democracia se tornou cativa de cartéis, partidos, plutocratas e interesses especiais, como afirma Mair, é evidente que a maneira de romper o padrão é construir e desenvolver uma crítica do comportamento da elite "em nome do povo". Em vez de ameaçar a democracia, o populismo pode ser um meio de revitalizá-la.

O populismo não ameaça o pluralismo

Uma variante do argumento de que o populismo é antidemocrático é ensaiada em vários textos que foram publicados desde a eleição de Trump e a continuada expansão de forças políticas antiliberais por toda a Europa central e a oriental. A variante diz que o populismo é contra o pluralismo e, por extensão, o liberalismo, sem o qual a democracia liberal não pode ser sustentada.

A natureza e a forma de nossa democracia têm sido moldadas, em grande medida, pela necessidade de reconhecer e, de fato, celebrar as diferenças, incentivando a liberdade de expressão e eleições competitivas e transparentes entre candidaturas individuais, bem como entre partidos políticos que, agregando opiniões e preferências, procuram vê-las representadas no sistema de governo. São um sistema e uma cultura que têm se mostrado incrivelmente flexíveis pelo menos há dois séculos e que, no entanto, muitos comentaristas consideram estar sob grave ameaça devido à ascensão do populismo.

A ameaça surge por causa da insistência populista de que "o povo" seja considerado uma entidade homogênea que possui certas características e necessidades e certos interesses, que é tarefa do líder ou do partido representar. Em geral, em uma democracia, estabelecemos quais são essas necessidades e esses interesses perguntando diretamente aos cidadãos qual partido ou candidato eles acham que melhor representarão seus pontos de vista e suas opiniões. Ao admitir que a resposta será plural, dada a complexidade dos ambientes modernos, admitimos que precisamos de uma pluralidade de candidatos e partidos para que as variadas posições que os cidadãos defendem sejam representadas de forma plena. Isso, ao que parece, não é aceito por líderes e partidos populistas.

Para o populismo, que vê o povo como entidade homogênea, isto é, como entidade caracterizada por uma semelhança fundamental de etnia, cultura e visão de mundo, o pluralismo dos democratas é ilusório, supérfluo ou desnecessário. O que deveríamos estar fazendo é governar no interesse do povo como sujeito singular indiferenciado, não uma pluralidade de sujeitos.

Isso deve nos alertar para os perigos emboscados no canto de sereias que os populistas levam às pessoas. E o material que temos para apoiar essa análise já é suficiente. Muitos daqueles que costumam ser rotulados de populistas têm sem dúvida uma visão estreita de como deveríamos interpretar as necessidades e os interesses do povo. Em particular para a direita, "o povo" tem forte conotação étnica e cultural, sugerindo que os que não compartilham uma etnicidade não deveriam ser levados em consideração. O nativismo negocia com a compreensão de que, quando estamos falando sobre "o que o povo quer", temos o entendimento implícito de que isso se refere "ao que a etnia ou a identidade dominante quer". Mas empregar o conceito de povo para indicar determinados traços ou características não exclui a possibilidade de usá-lo de um modo aberto e inclusivo, como na Constituição dos EUA, onde "o povo" se refere a todos de uma determinada comunidade política.

Como "o povo" chegou a ser mais excludente que inclusivo? Voltamos aqui ao problema que parece dar suporte à crítica do populismo: medo da generalidade e de invocar o *demos* como sujeito da política. "O povo", para alguns gostos, é um termo emotivo demais. Evoca a "vontade geral" de subserviência à totalidade. Não devemos falar em nome de outros ("Não em meu nome!"), muito menos de algo tão grandioso e abstrato quanto "o povo". Devemos nos acercar do problema, enfatizando sempre que possível a miríade de modos em que diferimos uns dos outros: cor da pele, etnia, formação, classe, sexo, gênero, nacionalidade e assim por diante. Com todas essas diferenças em mente, como poderia não ser totalitário, pelo menos de forma incipiente, deletar tudo isso "em nome do povo"?

O sentido da posição populista é evocar o povo em oposição às elites. O populismo é, nesse sentido, diferente do nativismo ou de outras variantes do nacionalismo, porque gira em torno da natureza de um antagonismo específico (povo *versus* elites) que é de caráter político, não étnico ou nacional. Isso não quer dizer que o nativismo não possa ser populista. Pode, como mostram Le Pen, Wilders e a grande variedade de movimentos nativistas europeus. Mas populismo não é o mesmo que nativismo ou nacionalismo. Estes especificam quem é "o povo" com base em características étnicas e culturais definidas, mas o populismo descreve um antagonismo entre as elites e o povo sem considerar quaisquer características que eles supostamente possuam. O populismo se torna

197

de caráter nativista ou nacionalista quando esse antagonismo se conjuga com uma ideia sobre a etnia, a religião ou a nacionalidade do povo em questão. Se digo que o povo ficou decepcionado com as elites, isso não é um sentimento nativista. Mas se acrescento que as elites desapontaram os australianos brancos, adicionei um componente que respalda um tipo muito particular de populismo: o populismo nacional ou nativista.

Para o populismo, o povo só é visto como um grupo "homogêneo" num sentido, no fato de serem membros de uma determinada comunidade política. Tudo mais é deixado em aberto. Por extensão, o populismo em si não fecha ou ameaça o pluralismo meramente evocando "o povo". Diferentemente, o populismo pode surgir quando se pensa que o desejado pluralismo da ordem democrática está ameaçado pelas ações das elites. O populismo do *Occupy* ("Somos os 99%"), da #15M, da *Nuit debout* e assim por diante não é um apelo para acabar com o pluralismo. Não é um apelo para a defesa de uma entidade homogênea, uma identidade específica ou uma etnia particular. Na realidade o objetivo é identificar a elite, o 1%, cuja riqueza e cujo privilégio permitem, assim argumentam os críticos, que ela controle o debate público e desencoraje o livre engajamento e a participação que devem caracterizar uma democracia saudável, funcional. O populismo é aqui usado como uma ferramenta para revigorar a defesa do pluralismo contra um grupo proporcionalmente muito menor, os muito ricos. É um populismo em nome do povo, mas também em nome do pluralismo. É um populismo que defende a abertura da esfera pública a vozes e pontos de vista minoritários e que deseja ver uma contestação política significativa, não um sistema em que a riqueza e o privilégio determinem os resultados políticos fundamentais.

O populismo não é a causa da crise

O amplo consenso entre cientistas políticos e comentaristas especializados é que nossas democracias estão em crise. Mesas de livrarias gemem sob o peso dos textos dedicados à questão: *Vida e Morte da Democracia*, de John Keane, *Why we Hate Politics*, de Colin Hay, *Post-Democracy*, de Colin Crouch, *Can Democracy be Saved?*, de Donatella della Porta, *Ruling the Void*, de Peter Mair, e *Defending Politics*, de Matthew Flinders, são algumas das obras mais conhecidas que exploram os contornos da questão.

Grande parte da culpa parece ter sido jogada na conta do populismo. Os populistas criam problemas. Encontram divisões em populações que, até pouco tempo, pareciam tolerantes e respeitadoras. Eles se deleitam em repreender os que estão no poder sem demonstrar a menor competência ou capacidade de governar uma sociedade complexa. Propõem soluções simples para problemas complexos que realmente exigem um dar e receber, uma negociação, uma abordagem insistente do legislativo. O populismo, em suma, é uma distração indesejável para sociedades que lutam com uma série de questões urgentes que exigem reflexão madura e debate, como mudança climática, automação, migração e assim por diante.

Ficamos com a imagem do populismo como uma causa dos males que afligem a democracia. Mas isso é pegar causa e efeito pelo contrário. A pista se encontra em alguns dos livros que mencionei no início desta seção. A maioria foi escrita bem antes da atual "explosão" do populismo; alguns mal tocam no surgimento de partidos e movimentos de extrema direita em países como França, Holanda e Hungria nas últimas duas décadas. Na realidade eles se inspiram nos marcadores que usamos para medir a saúde da democracia, que vêm declinando desde a década de 1960. O comparecimento às urnas, a filiação a partidos políticos, a confiança nos políticos e o interesse pela política eleitoral tradicional — tudo isso vem caindo nos últimos cinquenta anos. As explicações mais conhecidas para esse declínio mal tocam no populismo. Recorrem à visão de que os cidadãos se tornaram mais "críticos", o que fez com que se tornassem mais céticos com relação às teses e às promessas dos políticos e talvez menos inclinados a se envolver na política dominante (Pippa Norris). Outros (como Colin Hay) falam muito no domínio de uma visão de mundo que insiste em priorizar o mercado e não a esfera pública, fazendo com que os cidadãos passem a se desinteressar da política, enquanto outros (como Zygmunt Bauman) suspeitam que mudanças sociais de longo alcance estejam indicando que temos menos tempo e inclinação para nos envolvermos em questões de interesse coletivo, ao contrário dos problemas que afetam de forma direta e individualmente a nós. Eu poderia continuar. O fato é que a crise da democracia é anterior ao surto populista atual. Quando procuram as causas dessa crise, os especialistas raramente invocam a aparição de forças políticas não tradicionais ou contrárias ao *establishment*. E uma pequena surpresa: até pouco tempo, muitas dessas forças eram bastante marginais ou ainda não tinham aparecido.

O populismo não é uma causa da crise atual; é um efeito dela. Surge quando a "política normal", a política familiar caracterizada por um movimento pendular entre centro-esquerda e centro-direita, entra em pane e os cidadãos começam a procurar fora da ordem tradicional soluções para as questões que lhes dizem respeito. Surge quando os cidadãos começam a sentir que as diferenças entre forças políticas tradicionais, que talvez já tivessem parecido tão nítidas, são menos significativas que aquilo que as une.

Podemos, no entanto, estar pretendendo dizer que, como não nos ajuda a tratar as causas da crise, o populismo contribui para ela. Posso não ter provocado o fogo na casa do meu vizinho, mas, se atiro uma lata de gasolina no incêndio, torno as coisas piores, não melhores. Será que não podemos dizer algo parecido sobre o populismo? Podemos aceitar tanto que o populismo não criou a crise atual quanto insistir que, com sua retórica que promove divisões e soluções simples, é improvável que ele torne as coisas melhores; de fato, o provável é que as torne piores.

Muitas pessoas, sem dúvida, vão simpatizar com essa avaliação, dado o vazio surgido no rastro dos recentes desdobramentos políticos nos Estados Unidos, no Reino Unido, na Itália e em outros lugares. O populismo, no entanto, não oferece, como faziam ideologias clássicas como o socialismo e o liberalismo, uma prescrição consistente para os males com que se defronta a sociedade. De qualquer modo, o aparecimento do populismo nos diz algo importante sobre a dinâmica que está em ação: os cidadãos estão começando a perder a fé na classe política e na capacidade que ela teria de agir conforme os interesses mais legítimos da sociedade.

Por essa razão, um número crescente de cidadãos está se inclinando a confiar em aventureiros ou em partidos contrários à ordem tradicional para resolver a crise e nos colocar no rumo de uma sociedade melhor.

Em uma sociedade atormentada pela crise, uma série de grupos e partidos *outsiders* farão análises diferentes do que está indo mal e do que deve ser feito para corrigi-lo. Nos EUA, por exemplo, estávamos perto de uma situação em que Bernie Sanders poderia ter enfrentado Donald Trump. Ambos, em certo nível, são populistas, mas suas análises do que está errado nos EUA e como corrigi-lo são muito diferentes. No segundo turno da eleição presidencial francesa, em 2017, Marine Le Pen enfrentou Emmanuel Macron. Ambos se apresentavam, com variados tons de autenticidade, como *outsiders*, mas seus programas políticos, assim como a leitura que faziam da situação na França, eram diferentes. Na eleição geral italiana de 2018, os dois partidos favoritos no voto popular foram o M5S de Beppe Grillo e o *Lega*, de Matteo Salvini; ambos populistas, mas com posturas políticas bem diferentes. O impasse resultante durou várias semanas, enquanto eles procuravam desovar uma posição que ambos pudessem aceitar sem que a aliança proposta desmoronasse de imediato. Sanders, Macron, Grillo: todos muito diferentes, todos populistas à sua maneira. Todos *outsiders*. Cada qual com sua própria leitura do que não está indo bem em suas sociedades e do que precisa ser feito para colocar as coisas nos eixos.

Dada a variedade de modos pelos quais o populismo pode se expressar — de direita, de esquerda, centrista —, estamos realmente querendo dizer que, não importa de que forma apareça, é muito provável que o populismo piore a situação? Isso pode fazer sentido se, por exemplo, acharmos que todos os populismos são autoritários, que todos precisam de uma figura de proa ditatorial e que o pluralismo está condenado a sofrer. Mas nenhum desses elementos é essencial para entender o populismo. Existem populismos não autoritários. Há populismos que não têm líderes óbvios, carismáticos ou não. E há populismos que surgem para defender o pluralismo contra as forças e os impulsos que parecem ameaçá-lo. Não estou afirmando que partidos e movimentos populistas sejam sempre contribuintes construtivos, positivos, para a renovação da democracia. O que estou dizendo é que o populismo não é necessariamente prejudicial à democracia. Em certas circunstâncias ele pode ser *um* meio, talvez *o* meio, de resolver alguns dos problemas mais enraizados e mais crônicos que contribuem para a percepção da democracia em crise. O populismo, em suma, não causou a atual fenda que estamos observando em nossas democracias; é um de seus efeitos. Se o populismo poderá ajudar ou dificultar a renovação da democracia, se poderá ou não resolver algumas das causas profundas das crises vai depender da análise trazida por um determinado grupo ou partido, bem como da eficácia das medidas que ele propõe para lidar com os medos, as preocupações e as inseguranças dos cidadãos.

O que deve ser feito com relação ao populismo?

Não obstante esse conjunto de reações opostas, devemos reconhecer que as dúvidas e preocupações que muitas pessoas têm sobre o rumo atual da política são reais e não devem ser rejeitadas como equivocadas ou sem fundamento. A questão não é se Le Pen, Trump ou Orbán, e o que eles representam, são menos preocupantes agora do que quando começamos esta discussão. O importante é saber se esclarecemos a natureza da ameaça ou confundimos as coisas entrelaçando diferentes tipos de ameaça com diferentes tipos de causa. A menção desses três personagens é útil a esse respeito. Todos são populistas, de acordo com a maioria dos comentários, e todos eles são autoritários. O populismo, no entanto, não é autoritarismo; é importante mantê-los separados para que possamos ver o que está em jogo quando precisarmos pensar em como reagir a acontecimentos contemporâneos.

Imaginemos um diagrama de Venn com dois círculos; uma área rotulada de "populismo" e outra rotulada de "autoritarismo". Onde as duas se cruzam, encontramos o "populismo autoritário". De um lado é populismo não autoritário, que poderia complementar formas existentes de democracia representativa ou mesmo melhorá-las. Do outro é autoritarismo não populista, formas de autoritarismo que não são constituídas em termos populistas, mas com base na necessidade ou na desejabilidade de que um certo tipo de elite governe em nome da sociedade. Há um debate contínuo, por exemplo, sobre se Orbán pode realmente ser identificado como populista. Por um lado, ele ganhou várias eleições e se apresenta como alguém a favor da estabilidade contra o redemoinho de incertezas desafiando o povo húngaro, que enfrenta uma crise de refugiados e preocupações de segurança no leste. Por outro lado, ele critica a criação da União Europeia e tira grande parte da popularidade que tem de sua perspectiva anti-Bruxelas e anticosmopolita. Será que isso o torna populista? Muitos dos medos e preocupações sobre o populismo que estamos recapitulando dizem respeito à área de interseção, ao populismo autoritário. Várias definições concorrentes de populismo procuram suas raízes ou sua lógica interna. O populismo sem dúvida é passível de autoritarismo. Mas, como sugere o diagrama de Venn, isso pode ser apenas uma parte do quadro. Também precisamos estar cientes de que existem formas de populismo que não são autoritárias; podem ser, inclusive, expressamente antiautoritárias em origem e propósito. Estamos formulando mal o problema ao perguntar: "O que deve ser feito com relação ao populismo?". O que devíamos estar perguntando é: "O que deu errado com a democracia?".

As causas do que deu errado variam de país para país e de lugar para lugar, mas há uma coerência entre vários fatores primários. O primeiro é a integridade e a eficácia da classe política. O suprimento de confiança está baixo, levando os cidadãos a procurar alternativas que não estão no menu habitual. Muitos fixam suas esperanças em pessoas que demonstram maior "autenticidade", seja porque estão falando claro e "sem rodeios", como Corbyn e Sanders, ou, como Trump e Le Pen, porque conquistaram uma reputação por fora da briga política, trabalhando em áreas como a dos negócios, do direito, das forças armadas, em que a capacidade de fazer coisas e se comunicar bem são pré-requisitos para o sucesso.

Estamos errados em ver isso como mero problema de estilo, uma questão de reciclagem da liderança política. Antes de qualquer coisa, é também uma questão do que a política se tornou sob um escrutínio cada vez mais intenso da mídia tradicional e a emergência do que John Keane chama de "democracia monitória [ou monitorada]", seu chamado à ordem por repórteres investigativos, denunciantes, grupos informais e organizações como o WikiLeaks. A separação, que já foi nítida, entre os domínios público e privado está se dissolvendo, e o resultado disso é que as elites acham mais difícil levar à frente os comportamentos egoístas que tinham as gerações anteriores de políticos. Populistas tanto da esquerda quanto da direita transformaram em um cavalo de batalha a necessidade de "um político de novo tipo", um político que não só represente as necessidades e os interesses do povo, mas também suas exigências de clareza, integridade e honestidade. Não é uma rua de mão única. Está se tornando cada vez mais difícil para os populistas controlar as condições para que eles próprios escapem do tipo de escrutínio enfrentado por seus oponentes. Os próprios populistas serão cobrados com os parâmetros da crítica que os levou ao poder.

O segundo fator é recuperar a percepção de que a política é importante. O populismo prospera quando os cidadãos se sentem impotentes para alterar a direção da sua comunidade. A campanha pelo "sair" encontrou uma divisa imbatível no referendo Brexit: "Retome o controle". Ela tocou em um nervo dos eleitores, ficando muitos convencidos de que, em troca de incertos benefícios econômicos, a filiação do Reino Unido à União Europeia havia cedido um excesso do poder de tomar decisões. A ironia é que possivelmente a contribuição mais significativa da UE é proteger seus cidadãos de alguns dos piores impactos da globalização: pressão sobre os direitos dos trabalhadores, redução de padrões ambientais e do acesso ao bem-estar; pressões a que os governos nacionais estão menos bem equipados para resistir, dadas as considerações de escala e capacidade. O paradoxo do Brexit é que o Reino Unido pode se ver tendo poderes repatriados que são mais hipotéticos que reais, acentuando o sentimento de impotência do povo em vez de resgatá-lo.

Esse paradoxo põe em destaque a complexidade da crise, à qual o populismo é apenas uma resposta. Está longe de ser uma coisa simples articular o que permitiria que os cidadãos sentissem que têm maior poder ou controle. Há boas razões para pensar que formular a questão nesses termos talvez não leve a parte alguma, exceto a uma nostalgia de um tempo em que a democracia parecia "significativa". O economista Dani Rodrik explica isso com muita propriedade quando observa que as sociedades de hoje podem desfrutar de dois termos entre soberania, democracia e globalização, mas não podem desfrutar de todos os três, como as grandes potências possivelmente costumavam fazer. A globalização diminui a soberania e transfere o poder dos parlamentos nacionais para organismos supranacionais e empresas transnacionais; o foco na reconstrução da democracia e dos serviços públicos pode vir à custa do investimento interno trazido por mercados abertos e pela livre circulação de capital.

Sem alguma mudança nas variáveis que sustentam a questão, talvez nunca possamos redescobrir nosso senso de apropriação da política de um modo que supere o sentimento de alienação dos cidadãos. Alguns depositam suas esperanças em uma revitalização da política na escala da cidade. Outros esperam que a internet encoraje uma participação maior, devido à facilidade com que os cidadãos podem ser conectados a processos de tomada de decisão, o que, por sua vez, pode reduzir o sentimento de distância ou alienação dos cidadãos de seu sistema de governança. A democracia não é uma entidade estática. Ela evolui, se transforma, muda de forma. Tem de fazê-lo, para conservar o afeto de seus cidadãos.

Um terceiro fator é a insegurança. Cidadãos inseguros são mais propensos a olhar para além da ordem vigente em busca de soluções para os problemas com que se defrontam. Em comparação com gerações anteriores, esses problemas estão se acumulando: acesso a serviços sociais, emprego precário, automação, mudança climática, pressões causadas por deslocamentos, migração e guerra. Não há soluções fáceis para qualquer um desses problemas. Na realidade, alguns agora parecem ter uma dimensão quase existencial, envolvendo de forma literal a própria existência da espécie humana, o que alimenta a sensação de que o populismo é uma política para o "fim dos tempos". Tem de ser assim? A política está além da redenção, perdida para um discurso de *outsiders* sempre se queixando dos que estão "do lado de dentro"?

A escala das questões que nos conduzem à "populização" da política democrática é considerável. Não queremos, no entanto, dizer com isso que estamos condenados a um futuro autoritário ou a um arremedo de democracia. O populismo é uma política de pessoas de dentro e pessoas de fora do sistema, de elites confrontadas por gente que acha que tem uma mensagem melhor, mais redentora, ou uma compreensão melhor das necessidades do povo, da comunidade, da nação. Outra sugestão inesperada é que o populismo pode reviver uma ideia de política que não seja apenas rotação de elites ou um balanço de pêndulo entre partidos que, na opinião de muitos cidadãos, ficam cada vez mais parecidos. Ele pode reintroduzir um sentido de contingência na política num momento em que "a coisa de sempre" ou abordagens tecnocráticas parecem nos estar conduzindo, como sonâmbulos, para o fim dos tempos.

Isso é profundamente inquietante. A mudança, somos lembrados de forma contínua, com frequência é. Mas pode ser que a perturbação pelo populismo da ordem política estabelecida, e do modo estabelecido de fazer as coisas, represente uma oportunidade, assim como uma ameaça. Meu refrão constante neste livro tem sido que não podemos entender o surgimento de movimentos e partidos populistas sem entender o conceito de crise, em particular a crise da democracia. Isso sugere que, abandonada a si mesma, a democracia não vai encontrar os recursos para fugir do vazio em que a política caiu. Não nos vai ajudar a escapar da percepção da política como um monótono espetáculo midiático, cada vez mais distante de nossa vida e impermeável às necessidades e aos interesses de nossas comunidades. Não vai reenergizar os cidadãos para que participem e se envolvam com o processo democrático. O que é necessário é um chamado para o retorno ao conceito de democracia como uma terra comum, como um sistema político cuja única propriedade é pertencer a cada um e a todos, ao *demos*, ao povo.

Nas condições contemporâneas, tal chamado tem um inegável ar populista. Sugere que representantes e representados se desconectaram, que as elites imperam e que o povo tem sido ignorado. É populista porque nos deixamos convencer que uma democracia do, pelo e para o povo é uma quimera, não uma descrição da vocação da democracia. Um populismo focado na renovação da democracia pode sem dúvida ser uma perspectiva inquietante, mas, se isso é o que é necessário para deter sua lenta espiral descendente para o vazio, será um preço que vale a pena pagar.

Agradecimentos

Este livro foi escrito ao longo de 2018, período em que eu estava de licença da Universidade de Sydney. Então, minha primeira mensagem de agradecimento vai para meu empregador, que me deu tempo para que eu me concentrasse em escrever. Agradeço também a Ben Moffitt, um ex-aluno meu de doutorado que escreveu uma excelente tese sobre populismo, mais tarde publicada por Stanford. Sem nossas discussões, no correr de vários anos, sobre o tema do populismo, acho que eu não teria sido equipado ou energizado para escrever meu próprio livro sobre o assunto. Agradeço também a Aidan Anderson e Gianluca Scattu, mais dois alunos meus de doutorado, por comentarem a primeira versão completa do manuscrito.

Gostaria de agradecer aos numerosos colegas de toda a Austrália que me convidaram para analisar um ou outro aspecto da história do populismo. Entre eles estão Duncan McDonnell, Haig Patapan e colegas da Griffith; Paul Muldoon e o Departamento de Política da Monash; Stephen Slaughter, Benjamin Isakhan e seus colegas da Deakin; Dave Marsh, Henrik Bang e o IGPA da Universidade de Camberra, que sediou um simpósio sobre populismo em 2017. No mesmo ano, tive a honra de ser convidado para dar uma conferência sobre populismo na Australian Political Studies Association, em Melbourne. Também tive o prazer de fazer uma palestra no lendário intervalo depois do jantar no Oxford Political Thought. Aprendi muita coisa com essas conversas e agradeço aos participantes de cada uma delas por me ajudarem a esclarecer meus próprios pensamentos sobre o tema.

Reconheço com satisfação o papel fundamental do meu amigo e colega John Keane, que tanto se esforça para manter muitas das questões levantadas neste livro na ordem do dia para nós em Sydney. Desfrutei e colhi benefícios dos inúmeros eventos, seminários e *workshops* que ele organizou (com agradecimentos também aos colegas da Sydney Democracy Network) e fico na expectativa de que haja muitos outros enquanto tentamos dar sentido ao tempo em que vivemos. Um dos eventos mais memoráveis foi a acolhida que demos a Nadia Urbinati para uma série de aulas e palestras sobre o tema do populismo. Foi maravilhoso passar alguns momentos com essa notável estudiosa da política moderna e contemporânea, e aprendi muita coisa com nossas conversas.

Tenho também uma dívida considerável com Ramón Feenstra, da Universidade Jaume I, de Castellón, com quem todo ano, desde 2013, tenho desenvolvido trabalho de campo na Espanha. Sem sua ajuda e sua assistência eu nunca teria sido capaz de ver de perto o nascimento de movimentos e partidos "exóticos" de um tipo discutido no presente texto.

Eu também gostaria de agradecer à equipe da Oneworld, em especial a Jon Bentley-Smith que, com um leitor especialista anônimo, me deu uma boa quantidade de excelente *feedback* sobre um rascunho inicial e, no caso de Jon, também sobre versões subsequentes. Por fim, isolado em casa por boa parte do período em que escrevia, aprendi a confiar no *Labancz* para café, bolos e companhia, enquanto o pessoal do *Egg of the Universe* e do *Velofix* me manteve com a mente clara e o corpo razoavelmente em forma. Ben Triefus sentou-se e ouviu minhas discutíveis teorias sobre *schooners** de 5 dólares australianos com um leve murmúrio de discordância e constituiu uma bem-vinda companhia para o obrigatório passeio de bicicleta de domingo. Como sempre, minha maior dívida é com Véronique e a família por me impedirem de enlouquecer com o estado da política e do mundo em geral.

---

* Grandes copos de chope em Sydney. (N. do T.)

213

Leitura Adicional

Blyth, M. "Global Trumpism", https://www.youtube.com/watch?v=Bkm2Vfj42FY&t=401s

Canovan, M. *Populism*. Londres, Junction Books, 1981.

Crouch, C. *Post-Democracy*. Cambridge, Polity, 2004.

Davis, E. *Post-Truth: Why We Have Reached Peak Bullshit And What We Can Do About It*. Londres, Little, Brown, 2018.

Flinders, M. *Defending Politics: Why Democracy Matters in the Twenty-First Century*. Oxford, Oxford University Press, 2012.

Fukuyama, F. "American Political Decay or Renewal? The Meaning of the 2016 Election", *Foreign Affairs*, 95(4), 2016.

Galston, W. A. *Anti-Pluralism: The Populist Threat to Liberal Democracy*, New Haven CN, Yale University Press, 2018.

Goodhart, D. *The Road to Somewhere: The Populist Revolt and the Future of Politics*. Oxford, Oxford University Press, 2017.

Hay, C. *Why We Hate Politics*. Cambridge, Polity, 2007.

Judis, J. B. *The Populist Explosion. How the Great Recession Transformed American and European Politics*. Nova York, Columbia Global Reports, 2016.

Keane, J. *The Life and Death of Democracy*. Londres e Nova York, Simon and Schuster, 2009.

Laclau, E. *On Populist Reason*. Londres, Verso, 2005.

Mair, P. *Ruling the Void: The Hollowing of Western Democracy*. Londres, Verso, 2013.

Morozov, E. *The Net Delusion: The Dark Side of Internet Freedom*. Londres, Penguin, 2012.

Moffitt, B. *The Global Rise of Populism: Performance, Political Style and Representation*. Stanford CA, Stanford University Press, 2016.

Mouffe, C. e Í. Errejón. *Podemos: In the Name of the People*. Londres, Lawrence & Wishart, 2016.

Mounk, Y. *The People vs Democracy: Why our Freedom is in Danger and How to Save It*. Cambridge MA, Harvard University Press, 2018.

Mudde, C. e C. R. Kristobal. *Populism: A Very Short Introduction*. Oxford, Oxford University Press, 2017.

Müller, J-W. *What is Populism?* Filadélfia, University of Pennsylvania Press, 2016.

Norris, P. *Cultural Backlash and the Rise of Populism: Trump, Brexit and the Rise of Authoritarian Populism*. Cambridge, CUP, 2018.

Oliver, C. *Unleashing Demons: The Inside Story of Brexit*. Londres, Hodder, 2017.

Peston, R. *WTF*. Londres, Hodder, 2018.

Richards, S. *The Rise of The Outsiders: How Mainstream Politics Lost its Way*. Londres, Atlantic Books, 2018.

Shipman, T. *All Out War: The Full Story of How Brexit Sank Britain's Political Class*. Londres, Collins, 2017.

Taggart, P. *Populism*. Milton Keynes, Open University Press, 2000.

Tormey, S. *The End of Representative Politics*. Cambridge, Polity, 2015.

Vance, J. D. *Hillbilly Elegy: A Memoir of a Family and a Culture in Crisis*. Nova York, Harper, 2016.

Índice Remissivo

15M, 66-67, 92-93, 189, 198-199
Agrupamento Nacional (*Rassemblement National*),15, 43, 46, 55, 62, 131-32
Alemanha nazista, 58,165
Alemanha, 14, 16, 17, 43, 68, 72
   e migrantes, 76
   e nazistas, 58,165
Alternative für Deutschland (AfD), 16, 16-17, 44
América Latina, 36-37, 39, 47; ver também caudilhismo
"*Anywhere*" ("os de Qualquer Lugar"), 73-74, 74-75, 75-76, 76-77
Argentina, 30
ataque terrorista, 144

Attlee, Clement, 123
austeridade 38, 63-64, 67
Austrália, 48
Áustria, 62, 72-73, 76, 174-175
austríaco, 17-19
autocrático, 36
autoritários, 9, 59
autoritarismo, 132-133, 203-204
   e descontentamento econômico, 72
   e mídia, 131
   e Orbán, 113-114
   e populismo, 102-103, 111, 112-113, 114-115

Bannon, Steve, 14-15, 141
Bauman, Zygmunt 200
Bélgica 182

Blair, Tony, 64, 69
Blyth, Mark, 63-64
Bolcheviques, 163-164
Bolsonaro, Jair, 18-19, 42-43, 47-48, 112-113
Brasil, *ver* Bolsonaro, Jair
Brexit, 10, 10-11, 37-38, 49-50, 72
   e controle, 206-207
   e Corbyn, 69-70
   e especialistas, 151-152
   e imigração, 174-175
   e mídia, 110
   e nativismo/nativista, 74, 75
   e pós-verdade, 141, 143-144, 167-170, 171
Brown, Gordon, 68
Brzezinski, Zbigniew, 58
Buchanan, Pat, 42
Bukharin, Nikolai, 164, 165-166
Burke, Edmund, 23

Cambridge Analytica, 171
camponesa, 24-25
camponês, 27, 39
Canovan, Margaret, 20

capitalismo, 25
Carmena, Manuela, 45, 92, 125
caso Profumo, 89-90
casos contemporâneos de esquerda, 133-134
Castro, Fidel, 42-43, 69
caudilho ("homem forte")/ caudilhismo, 29-30, 42-43, 112-113, 184-185
celebridades, 90
Chávez, Hugo, 42-43, 69, 133-134
China/chineses, 12, 166
Churchill, Winston, 123-124
ciência, 148, 149-150
Clarke, Ken, 77
classe, 78, 94; *ver também* classe trabalhadora
classe trabalhadora, 26-27, 38
Clinton, Bill, 64
Clinton, Hillary, 11, 48, 70, 72-73, 103, 141
Colau, Ada, 45, 92-93, 125
comunismo, 9, 22-23, 25
conservadorismo, 22, 23

Corbyn, Jeremy, 68-69, 77, 84, 91, 187
 e autenticidade, 205
 e Partido Trabalhista, 133-134
 e promessas 109
 e partidários, 131-132
Cox, Jo, 50
crime, 11
crimes de ódio, 49-50
crise financeira, 38, 62-69, 81, 122
crise, 31, 36-39, 120-123, 127-131, 137-138
 e populismo, 201-203
 ver também crise financeira
Cristianismo/herança cristã, 15, 18
Crouch, Colin, 86
 Post-Democracy, 199

declínio do número de votantes, 83-84
Della Porta, Donatella: *Can Democracy be Saved?*, 199
democracia, 27, 30, 32-35, 207-210
 e crise, 95-101

e descontentamento democrático, 85-89, 100-101
 e o povo, 178-179, 180, 182-183, 184-186
 e populismo, 102-103, 115-116,125-126, 127-128, 191-195, 199-200, 203
 e tecnocrático, 40-41
 e valores, 104-106, 114-115
Derrida, Jacques, 145-146
descontentamento cultural, 71-83, 100
desemprego, 66
desregulamentação, 64-65
direitos humanos, 10, 12
drogas, 10, 11
Duterte, Rodrigo ("Rody"), 10, 12, 48

economia, 88
 e descontentamento, 63-73, 81-83, 100
Eisenstein, Sergei, 163-164, 164
eleições/política eleitoral, 9-19, 33-34, 83-84, 182
eleições eslovenas, 17-18

221

elites, 22, 27, 32, 34-36, 104-105
 e Brexit, 167-168
 e crimes de ódio, 49-50
 e crise financeira, 67
 e democracia, 95-96
 e o povo, 178, 179, 198-199
 e *outsiders*, 53
 e partidos políticos, 87-88
 e política de esquerda, 187, 189-192
 e populistas, 57-58, 193-194
Errejón, Íñigo, 44
Escândalo Irã-Contras, 142-143
Escola Essex, 117
Espanha, 66, 66-67, 68, 95; *ver também* #15M; *Podemos*
especialistas, 110, 126, 140, 142, 149-154
Estado do bem-estar, 123-124
Estado profundo, 176-177
Estados Unidos da America (EUA), 27-29, 36-37, 47, 59, 72-73
 e constituição, 32

 e líderes, 43
 ver também partidos dos agricultores; Trump, Donald

fake news, 156, 168-169
falta de civilidade/incivilidade, 48-50
Farage, Nigel, 37-38, 48, 50, 55, 62, 133
 e UE, 103, 104-105
 e pós-verdade, 142-143
"fatos", 141, 148-149, 167
feudalismo, 111-112
Filipinas, as, 10, 12
Flinders, Matthew: *Defending Politics*, 97, 199
Fortuyn, Pim, 18, 85, 111
Foucault, Michel, 145-146
França, 14, 16-17, 72; *ver também* Le Pen, Marine
Frente Nacional (FN), 14, 42-43, 111
Friedrich, Carl, 58
Fronteiras, 16, 40, 64, 73-74, 79, 188
 e América Latina, 29-30

e Reino Unido (RU), 69-70, 77, 168
Fukuyama, Francis 167, 169
The National Interest 57

Galston, William: *Anti-Pluralism: The Populist Threat to Liberal Democracy*, 104
Gamble, Andrew, 63-64
globalização, 73-74, 81, 100, 104-105, 207
Golden Dawn (Aurora Dourada), 79
Goodhart, David: *The Road to Somewhere*, 73-74, 76-77
Gove, Michael, 151-152
Grécia antiga, 32-33
Grécia, *ver* Grécia antiga; Syriza
Grillo, Beppe, 13-14, 17, 44, 92, 93, 111
e promessas 108-109
Guevara, Ernesto "Che", 42

Hanson, Pauline, 48, 85
Hay, Colin, 63-64
Why we Hate Politics, 199, 200

hegemonia, 90, 117-119, 125
hipotecas subprime, 65
Holanda, 72, 175; *ver também* Wilders, Geert
Hollande, François, 68
homem comum, 29
Hume, David, 159
Hungria, 76, 175; *ver também* Orbán, Viktor

identidade nacional, 16, 40, 81-82, 98
ideologia, 188-192
Iglesias, Pablo, 44, 54-55, 59, 133
Imigração/imigrantes, 18, 17-19, 37-38, 76, 78, 174-175
e Brasil, 112-113
e Brexit, 74-75, 168
e Orbán, 49
e ressentimento, 100
individualismo, 94-95, 96-97
individualização, 94
instituições, 109-110
intelectuais, 25-26
internet, 154-158, 170, 171, 207-208
investimento, 64-65

223

Islã/islâmico, 15, 18, 40, 76
   e França, 104-105
   e pós-verdade, 170, 171
   e Trump, 174-175
   e Wilders, 49, 103
Islândia/islandês, 65, 66-67, 95
Itália, 66, 68, 76, 175; *ver também* Movimento 5 Estrelas

Johnson, Boris, 72

Katz, Richard, 86
Keane, John, 205-206
   Vida e Morte da Democracia, 199
Kim Jong-un, 48
Kirkpatrick, Jeane, 59
Koestler, Arthur: *Darkness at Noon*, 165-166

Laclau, Ernesto, 21, 32, 123-124, 135-136
   A Razão Populista, 116-119
Le Pen, Jean-Marie, 15, 41-42, 43, 85
Le Pen, Marine, 15, 17, 43, 103, 205
   e autoritarismo, 204-205

   e crise, 200-202
   e elites, 104-105
   e imigrantes, 174-75
   e linguagem 48-49
   e metas, 55
   e nativista, 76
   e promessas, 108
Lega, 17-18, 62, 202
Lehman Brothers, 65
liberalism, 22-23
líder(es), 30-31, 33-34, 41-46, 111-114, 119-120, 131-132
   e o povo, 179-180
Liga de Defesa Inglesa (EDL), 18
linguagem, 48-49
Long, Huey, 28, 29, 42, 54, 184-185
Lyotard, Jean-François, 145-146
   A Condição Pós-moderna, 148

M5S, *ver* Movimento 5 Estrelas
Macron, Emmanuel, 15, 16-17, 133, 202
Mair, Peter, 86, 194, 194-195
   Ruling the Void, 199

Maquiavel, Nicolau, 160, 160-161
Maréchal-Le Pen, Marion, 15, 42-43
Marx, Karl, 22-23, 152-153
marxismo, 26-27, 51-52
marxistas, 26-27
May, Theresa, 68-69, 120
McCain, John, 13
Mélenchon, Jean-Luc, 54-55, 134
Merkel, Angela, 15-16, 17
mídia, 89-90, 109-110, 131
migrantes, ver imigração
Mill, John Stuart, 23
minorias, 19, 35, 35-36
modernidade, 94
Moffitt, Ben, 21, 47-48
Monedero, Juan Carlos, 44
Morozov, Evgeny: *The Net Delusion*, 155
Mouffe, Chantal, 21, 116-117
Mounk, Yascha: *O Povo Contra a Democracia*, 104
movimento de esquerda, 54-55
Movimento 5 Estrelas (*Movimento 5 Stelle* / M5S), 13-14, 17, 44, 78-79, 92-93, 202
Movimento 5 Stelle (M5S), ver Movimento 5 Estrelas
Movimento *Occupy*, 67, 95-96, 121-122, 189-190, 198-199
muçulmanos, ver Islã
mudança climática, 150-151, 152
Mudde, Cas, 20-21
mulheres, 19
Müller, Jan-Werner, 20-21, 35-36, 46
O Que é o Populismo?, 104-108, 108
multiculturalismo, 18, 37-38

nacionalismo, 197-198
Nações Unidas, 10, 81-82
Nader, Ralph, 85
Narodniks/populista russo, 24-27, 36, 39, 184, 184-185
nativismo, 74-75, 81-82, 186-87, 196-197
e populismo, 197-198
nativistas, 15-16, 54-55, 75-76, 81-82, 186-187
e populismo, 197-198

225

negócios bancários, 64-65
neoliberalismo, 82, 82-83, 86, 87-88
Nietzsche, Friedrich, 145-146, 149-150, 152-153
Norris, Pippa, 200
 Cultural Backlash, 132-133
norte-coreanos, 166
nostalgia, 40, 169
nostálgico, 47
Nova Gestão Pública", 86-89
Nuit debout, 189-190, 198-199

Obama, Barack, 73
Orbán, Viktor, 18, 49, 62, 113-114, 204
Ortega, Daniel, 42
Orwell, George: *1984*, 165-166
Outsiders, 53-54, 68-71, 88-89

Parceria Transpacífica (TPP), 81-82
Partido Conservador, 43, 120
Partido da Liberdade, 62
Partido Democrata Cristão (CDU – Christian Democrat Party), 15-16

Partidos Político Democráticos, 43
Partido Trabalhista, 68-70, 134; *ver também* Corbyn, Jeremy –
Partido Uma Nação, 48
partidos de agricultores, 28-29, 36-37
partidos políticos, 33, 34, 44, 68-69
e filiação partidária, 84
e identidades, 94
e semelhanças, 87
Partij voor de Vrijheid ("Partido da Liberdade" PVV), 14-15, 18, 131-132
Paul, Rand, 85
Perón, Juan, 30, 41, 42
Perot, Ross, 42, 85
Peston, Robert, 21
Platão: *A República*, 158-159
pluralismo, 33-34, 46, 104, 108, 195-196
Podemos, 13-14, 44, 78-79, 117, 133
e crise, 125
e elites, 190-191
e líderes, 131-132

e política de esquerda, 187
política de direita, 54-55, 81-82, 133-134, 196-197; ver também política de extrema-direita
política de esquerda e elites, 187, 189-190
ver também Corbyn, Jeremy; política de extrema-esquerda
política de extrema-direita, 13-14, 37, 56-57, 62, 183-187
e migrantes, 76
e líderes, 45-46
política de extrema-esquerda, 13-14, 56-57
externa, 10
redentora, 39-40, 41
políticas, 117-118
políticos, 89-93, 97
Polônia, 175
Popper, Karl, 149-150
populismo, 9-19, 208-209
de esquerda, 79-80, 82
e autoritarismo, 204-205
e crise, 201-203

e definição, 20-24, 31-32, 51-54
e democracia, 102-104, 116, 125-126, 127-139, 192-195, 199-200
e elites, 57
e ideologia, 188-189, 190, 191-192
e Laclau, 116-117
e líderes, 43-46, 111-115
e o povo, 177-183, 205-206
e pluralismo, 195-199
e política de extrema-direita, 183-187
e pós-verdade, 167-170, 172-173
e simplificação, 34
e sintoma, 100-101
e surto, 61-63
e tom, 47-51
e vontade geral, 106-108
pós-modernismo, 145-149
pós-verdade, 140-145, 158-173
povo, o, 22, 27, 32-36, 106, 107-108, 135
e crise, 36-37
e democracia, 185-186

227

e elites, 198-199
e líderes, 30-31
e pluralismo, 195-199
e populismo, 177-183, 205-206
promessas, 108-109
propaganda, 163-164
Putin, Vladimir, 15

racismo, 15, 28-29
raison d'état, 160
Rassemblement National, ver Agrupamento Nacional
Reagan, Ronald, 59, 64
Realpolitik, 160
recessão, 63-64, 66
referendos, 126-127; *ver também* Brexit –
refugiados, 15-16, 17-18, 37-38, 76, 78
  e Orbán, 49
  e ressentimento, 100
  e Trump, 144-145
Reino Unido, 84, 123-124; *ver também* Brexit
relativismo, 146
République en Marche!, La, 16-17

Revolução das Panelas e Frigideiras", 66-67
Richards, Steve, 20-21
Robinson, Tommy, 18
Rodrik, Dani, 207
Rosanvallon, Pierre, 181, 190
Rousseau, Jean-Jacques, 106-107, 159, 190
Runciman, David: The *Confidence Trap*, 99
Rússia, 15, 41, 47; *ver também narodniks*; União Soviética
Rutte, Mark, 16

Salvini, Matteo, 17-18, 78, 202
Sanders, Bernie, 54-55, 55-56, 70, 91, 187
  e autenticidade, 205
  e crise, 200-201
  e promessas, 108-109
  e seguidores, 132
Sarkozy, Nicolas, 64, 68
Schröder, Gerhard, 64
serviços públicos, 65-66, 66-67
soberania/soberano, 32, 40, 168, 207
socialismo, 20-21, 22, 25, 88-89

e Corbyn, 68-69
e neoliberalismo, 188
e socialistas, 55, 105-106
"Somewheres" ("os de Algum Lugar"), 74, 77
Stalin, Joseph, 164-165
Suécia, 19
Syriza, 14, 78, 80, 132, 187

Tea Party, 42
Thatcher, Margaret, 64, 88
Tolstoy, Leo, 26
Totalitarismo/totalitário, 35-36, 58, 184
Trump, Donald, 38, 40, 41, 42-43, 112, 205
  e autoritarismo, 204
  e celebridade, 90
  e crise, 201
  e eleição de 2016, 9, 10-14, 70
  e elites, 104-105
  e especialistas, 152
  e Estado profundo, 176-177
  e falta de civilidade/incivilidade, 48
  e Hillary Clinton, 103, 141
  e imigrantes, 174-175
  e metas, 54-55
  e mídia, 109-110
  e nativismo/nativista, 74-76
  e pós-verdade, 142-143, 144-145, 161-163 171-173
Tsipras, Alexis, 54-55, 132

UKIP, 62, 133
União Europeia (UE), 14, 81-82, 103, 104-105, 186; *ver também* Brexit
União Social Cristã (CSU – Christian Social Union), 43
União Soviética, 58
regime soviético,163-164
URSS, *ver* União Soviética

valores, 105-106, 188
Vance, J.D.: *Era Uma Vez um Sonho*, 75
verdade, 145-147, 149-151; *ver também* pós-verdade
Very British Coup, A, 176-177
vida rural, *ver* partidos de agricultores; camponeses
violência, 13, 25

vontade geral, 106-107, 190-191
  majoritária, 35

Wallace, George, 28-29, 29, 42

Wilders, Geert, 14-15, 16, 18, 41, 42, 62
  e o Islã, 49, 103

Zito, Salena, 162

GRUPO EDITORIAL PENSAMENTO

O Grupo Editorial Pensamento é formado por quatro selos:
Pensamento, Cultrix, Seoman e Jangada.

Para saber mais sobre os títulos e autores do Grupo
visite o site: www.grupopensamento.com.br

Acompanhe também nossas redes sociais e fique por dentro dos próximos lançamentos, conteúdos exclusivos, eventos, promoções e sorteios.

editoracultrix
editorajangada
editoraseoman
grupoeditorialpensamento

Em caso de dúvidas, estamos prontos para ajudar:
atendimento@grupopensamento.com.br